Kursbuch 185
Fremd sein

Das Kursbuch erscheint viermal im Jahr.
Das Heft kostet einzeln € 19,–
Das Jahresabo (4 Ausgaben) kostet € 60,–
Im Internet: https://kursbuch.online

Sven Murmann Verlagsgesellschaft mbH
Miramar-Haus, Schopenstehl 15, 20095 Hamburg
Tel. 0 40/39 80 83-0
V.i.S.d.P.: Peter Felixberger
© 2016 Sven Murmann Verlagsgesellschaft mbH, Hamburg

ISBN 978-3-94651-400-8
ISSN 0023-5652

Herstellung und Gestaltung: Murmann Publishers GmbH, Hamburg
Druck: CPI books GmbH, Leck
Printed in Germany

Zuschriften bitte per Mail an: kursbuch@kursbuch.online
Abonnenten-Service: abonnements@kursbuch.online
Pressevertrieb: PressUp GmbH, Wandsbeker Allee 1, 22041 Hamburg. www.pressup.de

Armin Nassehi
# Editorial

Von Georg Simmel stammt der schöne Satz, die »Bewohner des Sirius«
seien uns »nicht eigentlich fremd«. In diesem Satz aus einem der klassischen Texte über den Fremden drückt sich die ganze Paradoxie des
Fremden und des Fremdseins aus. Fremd zu sein heißt nicht, wirklich
fremd zu sein – wenigstens nicht in dem Sinne, das, was das Entfern-
teste und damit auch Unsichtbarste sei, sei das Fremde. Fremd zu sein
ist vielmehr ein Beziehungsmodus. Es ist eine soziale und kulturelle
Kategorie, es ist etwas, worüber wir mehr wissen, als wir zugeben wollen. Gerade über das Fremde wissen wir oft viel mehr als über das Eigene, denn das Fremde zu bestimmen scheint wichtiger zu sein als das
Eigene. Es ist bedrohlich – und muss durch Benennung eingefangen
werden. Es ist exotisch – und eignet sich deshalb für Projektionen und
Geschichten. Es ist unsicher und unerklärbar – was stets besonders
sicher erscheinende Erklärungen nach sich zieht.

Zur Erfahrung mit dem Fremden gehört freilich auch, dass diese
Erfahrung auf sich selbst stößt. Erst die Begegnung mit dem Fremden
weist das Eigene als das Eigene aus – schon aus logischen Gründen.
Dies gehört übrigens zur Grunderfahrung Europas, das über die Konfrontation mit dem Fremden, mit fremden Erdteilen und Lebensformen, Religionen und Kulturen usw., entdeckt hat, dass auch das Eigene
nur eine Version unterschiedlicher Möglichkeiten ist. Und sobald man
das Eigene beschreiben muss, fällt auf, dass es sich wie das Fremde verhält: Es wird durch die Beschreibung nicht unbedingt sicherer, schon
weil man es auch immer anders beschreiben muss. Deshalb haben diese
Beschreibungen auch darauf gepocht, dass das Eigene möglichst nur
von autoritativen Sprechern beschrieben wird, die das Erhabene der
eigenen Nation, Konfession, Religion usw. besonders pathetisch auf
den Begriff bringen konnten. Das Eigene ist das Fremde der Anderen –
wie das Andere eben nur das Fremde des Eigenen ist. Aus diesen Kon-

fusionen gibt es kein Entrinnen mehr, sobald Beobachtungen darauf stoßen, dass auch andere beobachten – und dann auch noch anders. Und noch konfuser wird es, wenn man erfährt, dass all die Eigenheiten und Fremdheiten womöglich auch Artefakte der Beschreibungen und Beobachtungen sind – und am konfusesten wird es, wenn man das aufdeckt und feststellt, dass man es nicht einfach lassen kann. Die Aufklärung über diese Sachverhalte hilft nicht, sie zu überwinden, sondern zieht uns noch weiter in den Strudel des Beobachtens und Unterscheidens, des Befremdens und Aneignens hinein.

Von alldem handelt dieses *Kursbuch* mit dem Titel *Fremd sein* – ein Thema, das nicht aktueller sein könnte, denn in den öffentlichen Debatten Europas ist derzeit von kaum etwas anderem die Rede als davon, wie wir mit dem Fremden und mit den Fremden umgehen wollen – und irgendwie werden wir uns dabei selbst fremd, vor allem, wenn man diejenigen sieht, die sich als Anwälte des Eigenen aufspielen. Die Beiträge dieses *Kursbuchs* machen sich weder zu Anwälten des Eigenen noch zu Anwälten des Fremden. Wenn sie überhaupt plädieren, wie es sich für Anwälte gehört, plädieren sie dafür, die Widersprüche und Paradoxien des Fremden und des Eigenen auf den Begriff zu bringen. Sie machen das auf unterschiedliche Weise.

Julia Kristeva etwa macht erneut darauf aufmerksam, welche konstitutive Differenz zwischen den Menschenrechten und den Bürgerrechten besteht – die ersteren universal und für alle gültig, die letzteren nur für die (politisch definierten) Eigenen. Sie zeigt freilich auch, dass das Eine ohne das Andere nicht zu haben ist. Alfred Hackensberger dreht die Perspektiven von Eigenem und Fremdem um und beobachtet uns als die Fremden, die wir für Migranten und Flüchtlinge sind – und zeigt zugleich, wie ähnlich sich hier allzu viel Wissen über das Fremde angesammelt hat, das es fast unmöglich macht, einfach dafür zu plädieren, das Fremde zu schätzen. Diese sehr lehrreiche Perspektivenverschiebung dreht übrigens nicht einfach die Beweislast um, sondern zeigt, wie sehr sich das Fremde aus den unterschiedlichen Beobachtungsperspektiven wechselseitig befremdet. Naika Foroutan stellt die

Frage, wie lange man fremd bleibt, und weist darauf hin, dass viele Debatten auf allzu naiven Annahmen darüber beruhen, wie homogen die Eigenen und die Fremden gedacht werden. Sie zeigt auch, wie sehr sich in Deutschland hybride Identitäten etabliert haben, die sich der binären Codierung des Eigenen und Fremden schon lange nicht mehr fügen. Die Empirie sei weiter als die Beschreibung.

Mita Banerjee erinnert uns an die US-amerikanische Geschichte der Einbürgerung – daran, dass auch Iren, Italiener und Griechen in den USA einmal als »colored« galten und letztlich nur dadurch zu »Weißen« wurden, weil es die »Schwarzen« gab. Das ist ein klassischer Fall, der zeigt, wie hybride und instabil auch das Eigene ist. Sie spricht von einer Odyssee, die Fremde durchmachen müssen, um Eigene zu werden. Alan Poseners Beitrag über den Juden als die paradigmatische Figur des Fremden weist wohl am deutlichsten auf die Funktion des Fremden, des vertrauten Fremden für die Identifizierung des Eigenen hin. Er rekonstruiert eine Geschichte, die noch auf den unsichtbaren, darin aber besonders wirksamen Antisemitismus von heute aufmerksam macht, nämlich auf einen Antisemitismus, der das Jüdische als das Andere in geradezu zwanghafter Manier anruft – bisweilen gegen die konkreten Intentionen des Sprechers. Der Jude sei der Fremde, der das Fremde ins Land hole, schreibt Posener, also derjenige, der stets der Stachel im Fleisch jenes Eigenen ist, das nur stabil ist, wenn man nicht fragt und wenn man jemanden ausgrenzen kann.

Der Beitrag von Thomas Kron und Pascal Berger nimmt die Figur des Terroristen ins Visier und kommt zu dem Ergebnis, dass Terroristen, hier in Gestalt islamistischer Terroristen, keineswegs nur die Anderen sind: Sie sind oftmals Europäer oder solche, die in Europa aufgewachsen sind beziehungsweise ausgebildet worden sind; sie sind aber auch diejenigen, die ihre Differenz als unmittelbare Reaktion auf den Westen definieren. Jedenfalls sind sie nicht die »ganz Anderen«, sondern stets nur in unmittelbarer Abhängigkeit beziehungsweise in Beziehung zu jenen zu verstehen, für die sie als das Fremde schlechthin erscheinen – eben wie Georg Simmel es beschrieben hat: Fremd zu sein ist eine besondere Form der sozialen Beziehung, also ein Modus der Nähe, nicht der Distanz. Der Beitrag von Wolfgang Schmidbauer und mein eigener nehmen Fremdheit aus einer anderen Perspektive auf, nämlich die prinzipielle, unüberwindliche Fremdheit der Menschen füreinander und für sich selbst. Vom prinzipiell »inneren Fremden« spricht Schmidbauer, dessen Fremdheit anzuerkennen eine Bedingung für den therapeutischen Prozess sei. Ganz ähnlich ist aus einer soziologischen Perspektive die Fremdheit des Anderen als prinzipiell unüberwindlich anzusehen, was erst den Bedarf an Nähe und einer Simulation von Verständigung und Identität ausmacht. Während der Therapeut auf die Wahrung der Fremdheit achten muss, gelingt das der Gesellschaft nicht, obwohl sie letztlich fremd bleiben muss – sonst gäbe es sie nicht. Dieses Streben danach, die Fremdheit des Sozialen zu überwinden und doch immer wieder in der Eigenheit der Bemühungen stecken zu bleiben, thematisiert Bilal Tanweer in dem Ausschnitt aus seinem Roman *Die Welt hört nicht auf.* Auch diese Bemühungen hören nicht auf, weil sie eben stets nur bis zur nächsten Befremdung reichen.

Spektakulär ist die Bildstrecke von Florian Beaudenon. Seine Fotografien zeigen, wie sensibel man »von oben herab« sehen kann. Es sind Menschen in privaten Momenten und intimen Situationen, deren Fremdheit anrührend ist. Fremd deshalb, weil die abgebildeten Personen unbeobachtet aussehen und ganz bei sich sind – weil niemand zuschaut. Es ist ein seltenes Erlebnis, dabei zuschauen zu können. Die Ästhetik der Bilder ist unaufgeregt – und darin sind sie wirklich aufregend. Vielleicht ist es kein Zufall, dass sich das Fremde hier in Bildern so unaufgeregt zeigt.

Die Komposition dieses *Kursbuchs* soll einen Eindruck davon vermitteln, dass das letzte Wort über das Fremde noch lange nicht gesprochen ist – gerade weil derzeit so viele so genau wissen, wie es sich mit den Fremden verhält. Das erste Wort freilich hat Gregor Dotzauer, der unsere Kolumne »Brief eines Lesers« mit der nun 13. Folge fortführt. Vielen Dank dafür!

*Gregor Dotzauer*
# Brief eines Lesers (13)

Der Titel, zufällig entdeckt, begegnete mir just in dem Moment, als Mazedonien Flüchtlingen auf der Balkanroute eine dreitägige Transiterlaubnis gewährt hatte. »The Disappearance of the Stranger«, das klang nach einem Roman oder einem Film, aber es war ein Seminar in interkultureller Kommunikation unter dem Generalthema »Dealing with The Other«, Teil eins. Wenige Tage später beschrieb mir der mazedonische Dichter Nikola Madzirov, Nachfahr einer Familie, die infolge der Balkankriege zu Beginn des 20. Jahrhunderts aus Griechenland fliehen musste, in nüchternen Worten, dass es im ganzen Land keine Fahrräder mehr zu kaufen gebe. Sie seien alle in den von früh bis spät vorüberziehenden Flüchtlingstrecks im Einsatz. Man könne sie höchstens zu Wucherpreisen an der Grenze zu Griechenland erstehen oder darauf hoffen, ihnen an der Grenze zu Serbien wiederzubegegnen, von der aus findige Händler sie zum neuerlichen Verkauf an die griechisch-mazedonische Grenze zurücktransportieren. Das Bild von der Fahrradkolonne beschäftigte ihn ohne jedes poetische Interesse. Es befremdete ihn als Mensch, der kaum vor die Haustüre treten kann, ohne auf der Straße und am Horizont das endlose Band der Fahrradfahrer in der Frühsommerhitze zu sehen. So, wie er es mir ausmalte, gewann es eine geradezu surreale Qualität. Seither verfolgt mich dieses Bild. In ihm konzentriert sich für mich die Wirklichkeit eines historischen Moments, dessen handfeste Folgen ich in der eigenen Stadt zwar sehr wohl bemerke, der mir jedoch nach wie vor in Nikola Madzirovs Beobachtung am fasslichsten erscheint.

Seither sinne ich auch darüber nach, welche Bewandtnis es mit dem Verschwinden des Fremden im Umgang mit dem Anderen hat, wie der

Seminartitel behauptet. Über die anhaltenden Projektionen der Xenophobie in all ihren Formen muss man nicht reden. Die Erforschung ihrer Mechanismen und Strategien trägt bei allen realen Konflikten, die sich mit ihnen vermengen, im Großen und Ganzen erfolgreich zum Abbau von Feindseligkeiten bei. Im Licht postkolonialer Erkenntnisse findet auch eine Auseinandersetzung mit der Vergangenheit statt, die nicht nur Auswirkungen auf das aktuelle politische Handeln hat, sondern mitunter bis ins Fiktionale reicht. Die ungewöhnlichste Maßnahme nachholender Gerechtigkeit ist sicher die »Gegendarstellung«, die der algerische Journalist Kamel Daoud gut 70 Jahre nach dem Erscheinen von Albert Camus' Roman *Der Fremde* mit *Der Fall Meursault* vorgelegt hat. Sie gibt dem anonymen »Araber«, den der Ich-Erzähler mehr oder weniger zufällig erschießt, aus der Sicht des Bruders einen Namen und ein erzählerisches Gesicht. Ergänzt wird eine Blindstelle, die der *pied-noir* Camus' zu seiner Zeit wohl gar nicht erkennen konnte, vermutlich aber auch gar nicht ausfüllen wollte. Denn der wirklich Fremde des Romans, der seine Leser bis heute zu befremden vermag, ist der sich selbst entfremdete, in seiner Unberührbarkeit versinkende Erzähler Meursault. Was folgt daraus für die Erfahrung von Fremdheit überhaupt? Verliert die Ethnologie als Wissenschaft vom kulturell Fremden nicht ihre Grundlage? Und kommt es in der ethnografischen Forschung nicht darauf an, auch der eigenen Kultur wie einer fremden gegenüberzutreten?

Das unendliche Spiel von Identität und Differenz hat einerseits zu jenem Abgrenzungswahn geführt, der sich auf der Straße in nationalistischen Demonstrationen und gewalttätigen Ausschreitungen Bahn bricht, und andererseits zu jener Leugnung aller Unterschiede, die Diversität beansprucht, sie im gleichen Atemzug aber schon nicht mehr wahrnehmen will. Vor allem an britischen und amerikanischen Universitäten hat sich daraus ein Drama eigener Art ergeben, das auch hierzulande mehr und mehr Anhänger findet. Der antirassistische und antikolonialistische Impetus, der einst Jean-Paul Sartres Phänomenologie des Anderen mit Frantz Fanons Hoffnungen auf das revolutionäre

Potenzial afrikanischer Bauern zusammenführte, hat sich in emanzipatorischen Sub- und Nebendiskursen vervielfacht. Er lebt fort in Achille Mbembes *Kritik der schwarzen Vernunft* oder den von Judith Butler inspirierten Texten der Queer Theory, und er bewegt die Aktivisten in der Asylpolitik nicht weniger als die LGBT-Gemeinschaft.

Vieles davon hat dazu beigetragen, das Verhältnis von Mehrheiten und Minderheiten in westlichen Gesellschaften gerechter zu gestalten. Der *linguistic turn*, den die anfangs durch und durch materialistische postkoloniale Theorie dabei genommen hat, führt allerdings zu Sprachregelungen, die von der kindischen Annahme leben, dass die Wortwahl allein schon die Wahrnehmung von Differenz ausblenden könne. Wie kann man das sagen, ohne sich in schlechte Gesellschaft zu begeben? Das vorgeblich nonkonformistische Aufbegehren gegen einen Konformismus, der sich mit dem etwas aus der Mode gekommenen rechtskonservativen Kampfbegriff der *political correctness* verbindet, ist meistens sein Gegenteil: ein populistisches Manöver. Der Schlüssel liegt für mich eher in der Überwindung eines Blicks, der, wie es der französische Anthropologe Philippe Descola formuliert, den »dualistischen Schleier« ablegt, unter dem Natur und Kultur als streng voneinander geschiedene Welten erscheinen. Denn die durchgehende Kulturalisierung ethnischer und sexueller Unterschiede ist so fatal wie ihre durchgehende Naturalisierung. Man müsste eine Ordnung der Dinge entwerfen, in der an die Stelle von absoluter Natur und kontingenten Kulturen fließende Übergänge treten.

Es gibt gute Gründe, sich gegen den Essentialismus rein biologischer Zuschreibungen zu wehren. Zugleich müsste man allerdings auch zugeben, dass das Aufwachsen innerhalb bestimmter Traditionen nicht minder wesenhafte Züge hervorbringen kann. Diese Prägung ist nur bis zu einem gewissen Grad ein Gegenstand freier Wahl. Der weiße heterosexuelle Europäer entgeht ihr so wenig wie der schwule Afroamerikaner: Beide beziehen ihr Selbstverständnis aus den Zufällen ihrer Herkunft. Sie bewohnen Welten mit verschiedenen Codes und verschiedenen Vergangenheiten. Was soll sie daran hindern, sich als radikal, wenngleich nicht fundamental andersartig wahrzunehmen? Und was soll sie daran hindern, die umgekehrte Erfahrung zu machen, dass ihre Gemeinsamkeiten die Unterschiede bei Weitem übertreffen? Jeder denkende Mensch weiß, dass Fremdheit einzig und allein im Auge des Betrachters liegt. Genau deshalb lässt sie sich abstreifen. Das Fremde ist dazu da, zum Eigenen zu werden. Aber allem Anschein nach ist das vielen nicht genug – als ginge es darum, die Anmutung von Fremdheit als menschliches Grundgefühl abzuschaffen.

Im Berliner Bezirk Wedding, der zur Hälfte von Migranten, ihren Kindern und Kindeskindern bewohnt wird, wurde Ende Januar eine Ausstellung mit dem Titel »POW« eröffnet. Sie geht, so die Kuratoren – der aus Kamerun stammende Bonaventure Soh Bejeng Ndikung und die Dänin Solvej Helweg Ovese –, »von einer grundsätzlichen Gleichberechtigung und rhizomatischen Verbindung zwischen westlichen und nicht westlichen Künstlerinnen und Künstlern aus«. Das titelgebende Akronym steht für »Post-Otherness-Wedding« und geht auf einen Aufsatz zurück, in dem Ndikung, der für die documenta 14 im kommenden Jahr als *Curator at Large* bestellt ist, und Regina Römhild vom Institut für Europäische Ethnologie der Berliner Humboldt-Universität »The Post-Other as Avant-Garde« entwickelten. Post-Other bezeichnet darin »eine Figur, die noch immer Anzeichen des historischen Othering in sich trägt, während sie gleichzeitig unbekannte Zukünfte repräsentiert und mit ihnen experimentiert. Im Schatten der dominierenden politischen Vorstellung entfaltet sich eine kosmopolite Realität von nebeneinander existierenden Bemühungen, welche sich gegen diese Metaphorik aussprechen und handeln. Der Zeitpunkt des Post-Other ist hingegen noch im Entstehungsstadium: Es offenbart sich in der alltäglichen Praxis in ›unbewusster‹ Form, vor allem wenn die Anonymität des urbanen Lebens unendlich viele Beispiele alltäglicher, kosmopoliter Interaktionen ermöglicht.«

Mit Othering haben Edward Said und Gayatri Chakravorty Spivak die Praxis charakterisiert, die eigene Kultur auf Kosten anderer Kulturen in ein strahlenderes Licht zu rücken. Indem sie noch gang und gäbe ist, handelt es sich beim Post-Othering um eine Utopie. Doch ist der politische Anspruch, der sich in diesem Begriff kundtut, nicht allzu idealistisch? Und ist die Avantgarde als ästhetisches Fortschrittskonzept nicht schon hundertmal bestattet worden? Damit nicht genug. Der Text steht in dem Reader *We Roma: A Critical Reader in Contemporary Art*, in dem Roma und Nicht-Roma den Versuch unternehmen, die moderne Mehrheitsgesellschaft aus der Perspektive einer tendenziell vormodernen, sozial marginalisierten Gemeinschaft anzusehen. Steckt darin, was die Nicht-Roma betrifft, nicht die späte Fortschreibung der befreiungstheologischen Identifikation mit einer Dritten Welt, die in einer Geste der Aneignung nun auf dem eigenen Kontinent gesucht wird?

Man kann sich schnell darüber einigen, dass die westliche Kunst der nicht westlichen keineswegs überlegen ist. Rhizomatische Verflechtungen etwa zwischen Asien und Europa gibt es, seitdem Alexander der Große durch seinen Feldzug im dritten Jahrhundert vor Christus die Vermischung von Hellenismus und Buddhismus ermöglichte. Auch über die Problematik, dass unter der Prachtkuppel des künftigen Humboldt-Forums im zuletzt kaiserlich-preußischen Stadtschloss mit der rekonstruierten»Höhle der 16 Schwertträger« ein besonders exquisites Stück Raubkunst ausgestellt sein wird, lässt sich reden. Der Berliner Indologe Albert Grünwedel ließ die buddhistischen Wandmalereien zu Beginn des 20. Jahrhunderts bei seinen Turfan-Expeditionen in die Taklamakan-Wüste an der Seidenstraße von den Wänden schlagen. Jenseits einer vernünftigen Diskussion sollte es aber sein, dass die Kunst der Yoruba einer anderen Tradition als der französische Impressionismus folgt oder die christliche Kunst sich im byzantinischen Bilderstreit frühzeitig in eine ostkirchliche und eine westkirchliche Schule aufspaltete. Parallelität, Entmischung und Hybridität existieren nebeneinander.

Parallel zu »Post-Otherness-Wedding« beginnt im Kunstraum Kreuzberg die von Norient gestaltete Klangausstellung »Seismographic Sounds – Visions of a New World«. Der Name des Schweizer Network for Local and Global Sounds and Media Culture ist Programm.

Norient betreibt eine Form von Post-Otherness, die das, was Edward Said als Orientalismus beschrieb, den eurozentrischen Herrschaftsblick auf die Kulturen des Nahen Ostens, in der Musik hinter sich lassen will. Die Kreuzungen, die dabei entstehen, solange sie nicht eine weichgespülte und glattgebügelte *world music* ergeben, entwerfen tatsächlich ungewohnte akustische Geografien. Sie zeugen vom Zusammenrücken von Welten, die früher unwiderruflich getrennt waren. Die Frage ist nur, ob ein solcher ästhetischer Synkretismus auch die mächtigen sozialen Ordnungsprinzipien aufhebt, die selbst an der Oberfläche ähnlich aussehende Gesellschaften wie das turbokapitalistische China und das reiche Westeuropa unterscheiden: etwa die Alternative zwischen einer um den Gesichtsverlust bangenden Schamgesellschaft und einer christlich geprägten Schuldgesellschaft.

Am Ende geht es vielleicht um eine Ethik der Aneignung, die es vollkommen neu auszuhandeln gilt. Wer darf was von wem übernehmen? Wer darf sich welche Identitäten basteln? Der kurioseste Streitfall ist wohl der von Rachel Dolezal. Die amerikanische Bürgerrechtsaktivistin musste im vergangenen Juni zugeben, dass sie sich jahrelang fälschlicherweise als Afroamerikanerin ausgegeben hatte. Die *black community*, der sie sich schon von Kindheit an zugehörig fühlte, wollte sie nach der Enthüllung nicht mehr als eine der ihren betrachten – obwohl ihre Wortführer Rasse mehrheitlich für eine ideologische Konstruktion halten. Warum aber wurde Rachel Dolezal der Übertritt zu einer anderen Identität verwehrt, während sie der transsexuellen Caitlyn Jenner, dem früheren Zehnkämpfer Bruce Jenner, womit sich Dolezal verteidigte, problemlos zugestanden wurde? Welche biologischen und kulturellen Schranken kommen einander hier in die Quere? Während die LGBT-Community Neuankömmlinge (und experimentierwillige Heteros) mit offenen Armen aufnimmt, scheint es für die Mitglieder einer ethnischen Gemeinschaft nichts Schlimmeres als illegitime Eindringlinge zu geben.

Identität und Differenz kommen eben nicht ohne einander aus, und man soll ihre Konflikte auch gar nicht zum Verschwinden bringen. Man kann in der Begegnung mit dem anderen, das einen durchaus überwältigen kann, die Erfahrung von Fremdheit höchstens so gering wie möglich halten. Kürzlich sah ich zum ersten Mal Michelangelo Antonionis Chinadokumentation *Chung Kuo* aus dem Jahr 1972, die es in dieser Kunst ziemlich weit gebracht hat. Sechs Jahre nach Beginn der Kulturrevolution reiste der italienische Regisseur mit seinem Team fünf Wochen lang auf Einladung des chinesischen Fernsehens auf offiziell festgelegten Wegen durch das noch stark bäuerlich geprägte Reich. Antonioni bleibt dabei ganz an der Oberfläche dessen, was er und sein Kameramann Luciano Tovoli an Blicken, Gesichtern und Gesten in Städten und Dörfern aufsammeln. Und das ganz bewusst.»Du kannst das Fell des Tigers zeichnen, aber nicht seine Knochen«, zitiert er ein chinesisches Sprichwort,»du kannst das Antlitz eines Menschen zeichnen, aber nicht sein Herz.« Kein Dolmetscher ermöglicht ein Gespräch mit denen, die vorbeidefilieren. Keine erzwungene Dramaturgie versucht, den Anschein einer schlüssigen Geschichte zu erwecken. Die Informationen des Off-Kommentars bleiben ohne jeden politisch-historischen Hintergrund, sie gehen selten über das hinaus, was die Szene unmittelbar selbst erfordert. Von den Schrecken der Kulturrevolution ist nichts zu ahnen. Und doch dringen Antonioni und Tovoli, diese beiden schlicht neugierigen Beobachter, die nichts einem Vorwissen unterwerfen und nichts von ihren Reaktionen preisgeben, schon mit ihren kurzen Abschweifungen von dem, was ihnen die Gastgeber als sehenswürdig präsentieren wollen, hinter die Fassade. Nicht sie sind befremdet von dem, was ihnen begegnet. Befremdet sind die, die verschämt ihren Blick erwidern.

*Julia Kristeva*
# Was ist ein Fremder?
## Anmerkungen einer energischen Pessimistin

Eine Fremde spricht zu Ihnen.[1] »Die Fremde«: So lautet in der Tat der Titel des Artikels, den Roland Barthes mir 1970 in der *Quinzaine Littéraire* widmete. Anlass war die Veröffentlichung meines ersten Buchs auf Französisch nach meiner Ankunft in Paris im Dezember 1965. Was ist ein Fremder, eine Fremde? Eine Tragödie? Eine Auserwähltheit? Ein in der unerbittlich sich vollziehenden Globalisierung nunmehr banal gewordener Zustand? Wie kann man Fremder sein?

Neben einigen persönlichen Eindrücken möchte ich einige allgemeinere Überlegungen vortragen – Überlegungen, die an die Philosophie der Aufklärung angelehnt sind, die ihrerseits aus einem Bruch mit der Tradition hervorgegangen ist (Alexis deTocqueville, Hannah Arendt).[2]

Zunächst also die Stimme des Herzens – wie ich selbst Fremdheit empfinde und (er)lebe.


## I. Toccata und Fuge für den Fremden

Fremder: erstickte Wut tief unten in meiner Kehle, schwarzer Engel, der die Transparenz stört, dunkle, unergründliche Spur. Der Fremde, Figur des Hasses und des anderen, ist weder das romantische Opfer unserer heimischen Bequemlichkeit noch der Eindringling, der für alle Übel des Gemeinwesens die Verantwortung trägt. Er ist weder die kommende Offenbarung noch der unmittelbare Gegner, den es auszulöschen gilt, um die Gruppe zu befrieden. Auf befremdliche Weise ist der Fremde in uns selbst: Er ist die verborgene Seite unserer Identität, der Raum, der unsere Bleibe zunichtemacht, die Zeit, in der Einverständnis und Sympathie zugrunde gehen. Wenn wir ihn in uns erkennen, verhindern wir, dass wir selbst ihn verabscheuen. Als Symptom, das gerade das »Wir« problematisch, vielleicht sogar unmöglich macht, entsteht der Fremde, wenn in mir das Bewusstsein meiner Differenz auftaucht, und er hört auf zu bestehen, wenn wir uns alle als Fremde erkennen, widerständig gegen Bindungen und Gemeinschaften.

Ist es möglich, dass der »Fremde«, der in den frühen Gesellschaften der »Feind« war, in den modernen Gesellschaften einfach verschwindet?

Eine verborgene Verletzung, von der er häufig selbst nichts weiß, treibt den Fremden in seiner Irrfahrt weiter. Dieser Ungeliebte erkennt sie jedoch nicht an: *Trotz* bringt die *Klage* zum Schweigen. »Nicht ihr habt mir unrecht getan«, leugnet dieser Unerschrockene ungestüm, »ich selbst habe den Entschluss gefasst, fortzugehen«; nie anwesend, für niemanden erreichbar. Die Zurückweisung auf der einen, das Unerreichbare auf der anderen Seite: Auch wenn man stark genug ist, daran nicht zu zerbrechen, gilt es immer noch, einen Weg zu suchen. Unlösbar mit diesem ebenso sicheren wie unzugänglichen Anderswo verknüpft, ist der Fremde bereit zu fliehen. Kein Hindernis hält ihn auf, alle Leiden, alle Beleidigungen, alle Zurückweisungen lassen ihn kalt auf seiner Suche nach jenem unsichtbaren und verheißenen Territorium, diesem Land, das nicht existiert, das aber in seinen Träumen auftaucht und das man wohl ein *Jenseits* nennen muss.

## II. Wer ist Fremder? Das Paradox

Ich werde zurückkommen auf jenen Drang hin zum Jenseits, der den Fremden beseelt und ihn letztlich zu einem Wesen ohne feste Identität macht, dessen einziges Vaterland das Reisen ist (»in via in patria«, wird Augustinus sagen) – womit jeder darauf verwiesen ist, dass Identität ein Fragezeichen ist: schmerzhaft oder ekstatisch. Diese Dimension erwächst der Metaphysik beziehungsweise der Philosophie. Ich werde sie abschließend anhand der Psychoanalyse erörtern. Verweilen wir zunächst aber bei einem Paradox, das unserer politisch-rechtlichen Auffassung des Fremden inhärent ist.

Wir stehen vor einem Circulus vitiosus. Auf der einen Seite wird kraft politischer oder, allgemeiner, rechtlicher Regelungen festgelegt, wie der Status der Fremden, der Ausländer, bestimmt, verändert und gegebenenfalls verbessert werden soll. Auf der anderen Seite sind es gerade diese Regelungen, im Hinblick auf die Fremde, Ausländer überhaupt *existieren*. Denn ohne eine um eine Machtinstanz strukturierte und mit einer Legislative ausgestattete soziale Gruppierung gäbe es nicht diese überwiegend als unangenehm oder zumindest problematisch erlebte Äußerlichkeit, die der Fremde darstellt und erleidet. Es sind die philosophischen (die griechisch-römischen Stoizismen mit ihrem Kosmopolitismus) wie auch die religiösen Bewegungen (das Urchristentum), die über die politische Bestimmung des Menschen hinausgehen und ihm Rechte zubilligen, die denen der (Staats-)Bürger gleich sind, freilich nur wirksam werden innerhalb des Gemeinwesens des Jenseits, innerhalb eines spirituellen Gemeinwesens. Diese absolute Lösung der Nöte des Fremdseins durch bestimmte Religionen stößt indes, wie nur allzu bekannt, an deren eigene Grenzen und Dogmatismen: Fanatiker zeigen auf neue Fremde, jene, die nicht ihres Glaubens sind, um sie zu verbannen oder zu verfolgen. Unter diesen Umständen erscheint die politisch-rechtliche Regelung wie ein Schutzgeländer, bevor diese Mechanismen zu gegebener Zeit mit dem herrschenden Interesse einer gesellschaftlichen Gruppe oder politischen Macht verzahnt werden. Möglicherweise wird man sich dann auf einen moralischen oder religiösen Kosmopolitismus berufen, wird im Namen der Menschenrechte versuchen, jene wenigen Rechte zu bewahren, die die Staatsbürger für die Nichtstaatsbürger noch gelten lassen wollen.

Das Wechselspiel dieser Waage (politisch/religiös/philosophisch) ist das Beste, was Demokratien gefunden haben, um sich den Fremden zu stellen, denen das schreckliche Privileg zukommt, Grund dafür zu sein, dass Staaten (aber auch nicht staatliche Gebilde) untereinander und, schlimmer noch, politische Vernunft und moralische Vernunft in Konflikt geraten.

## Mensch oder Bürger[3]

Menschenrechte oder Bürgerrechte? Diese Diskordanz, deren Entstehung wie auch deren in den Totalitarismus führende Verfallsgeschichte Hannah Arendt nachgezeichnet hat, erscheint in aller Deutlichkeit in der Art und Weise, wie moderne Gesellschaften das »Fremdenproblem« angehen. So soll die damit gegebene Schwierigkeit in der nicht aufzulösenden Unterscheidung zwischen »Bürger« und »Mensch« liegen. Stimmt es denn nicht, dass man zur Festlegung der Rechte, die den Menschen einer – wie immer vernünftig begründeten und demokratisch ausgewiesenen – Zivilisation oder Nation zukommen, zwangsläufig diese Rechte den Nichtstaatsbürgern, also anderen *Menschen*, vorenthalten muss? Diese Argumentation bedeutet – darin liegt ihre äußerste Konsequenz –, dass man mehr oder weniger Mensch sein kann, je mehr oder weniger man Bürger ist, dass derjenige, der kein Bürger ist, kein ganzer Mensch ist. Zwischen Mensch und Bürger: die Wunde »Fremder«. Ist er ganz Mensch, wenn er nicht Bürger ist?

Eine solche gewiss absichtlich exzessive Formulierung des modernen Problems der Fremden setzt nicht notwendig eine anarchistische, libertäre oder »linksradikale« Perspektive voraus. Sie weist lediglich darauf, dass das Problem der Fremden unter juristischen Gesichtspunkten einer klassischen Logik entspringt: die der politischen Gruppe und deren Kulminationspunkt, des Nationalstaats. Einer Logik, die perfektioniert werden (Demokratie) wie entarten kann (Totalitarismus) und die anerkennt, dass sie auf bestimmten Ausschließungen beruht, und die sich deshalb mit weiteren moralischen und religiösen Formationen umgibt, deren absolutistische Ansprüche sie allerdings abmindert – um dann auf das Problem zu stoßen, das sie umgangen hatte, nämlich das der Fremden und seine stärker egalitäre Regelung.

Beim gegenwärtigen Zustand der beispiellosen Durchmischung von Fremden auf dem Globus bieten sich zwei extreme Lösungen an: Entweder bewegen wir uns auf ein weltumspannendes Staatenbündnis aller früheren Nationalstaaten zu (Vereinigte Staaten der Welt) – ein auf lange Sicht hin durchaus denkbarer Prozess, dessen Voraussetzungen mit den wirtschaftlichen, wissenschaftlichen und medialen Entwicklungen gegeben sein könnten. Oder der humanistische Kosmopolitismus erweist sich als Utopie, und aus den partikularistischen Bestrebungen ergibt sich zwingend die Überzeugung, dass für das Überleben der Menschheit kleine politische Einheiten die optimalen Strukturen darstellen.

Wie wir feststellen können, steht die politische und juristische Antwort unausweichlich in Zusammenhang mit den philosophischen Auflassungen über den Fremden in der modernen Welt, wenn sie sich nicht sogar davon inspirieren lässt. Ich schlage daher vor, uns einige Schlüsselmomente in der Geschichte des modernen Denkens anzuschauen, die aus der Konfrontation des in seinem nationalen Kontext gedachten Menschen mit der Vielfalt der Menschen allgemein erwachsen sind.

### III. »Mein Feind, meinesgleichen, mein Bruder«[4]

Zunächst jedoch: Wie kommt es, dass die den Fremden kennzeichnende Nichtzugehörigkeit zu einer Gruppe (Klan, Familie, Stamm, Nation) meine Identität gefährdet? Weil Identität eine unsichere Komponente ist, relativ unbeständig und fragil, die durch die Gruppenzugehörigkeit Sicherheit, wenn nicht überhaupt Bestand gewinnt. Erinnern wir uns an Prousts Feststellung – eine Replik auf Voltaires sarkastischen Ausspruch, »man wird frömmlerisch aus Angst, nichts zu sein« –, wonach in Frankreich Hamlets »Sein oder Nichtsein« umgemünzt werde in die, »ob man einer ist oder nicht ist, der dazugehört«.[5] Für uns als sprechende Wesen gewährleistet die Gruppe (Familie oder Nation) nicht nur eine biologische (natürliche) Kontinuität: Sie stiftet und schützt den Sinn, jene konstitutive und ökonomische (aus den Subsistenzmitteln Nutzen ziehende) Dimension des sprechenden Wesens. Die Gruppe ist das Habitat, der Lebensraum meiner Sprache, meiner Werte und meiner historischen Kultur und Bildung (das griechische Wort *ethos* bedeutet ursprünglich *habitat*). Als sprechendes Wesen lebe ich im Raum meiner Erzeuger, deren Tradition und Sprache bilden mein Ethos, meine Ethik.

Nur zu verständlich, dass die Tatsache dazuzugehören (zur Gruppe, Familie, Nation) wie ein Antidepressivum wirken kann – das allerdings leider auch rasch in (selbst)zerstörerische manische Leidenschaft umzuschlagen vermag. Doch (auf der gegenwärtigen Stufe der Existenz des Homo sapiens) ist meine Identität strukturell darauf angewiesen, und die Fremden wiederum gefährden sie, drohen, meine Identität zu vernichten.

Vergegenwärtigen wir uns einige Stationen des vehementen Versuchs der Resorption, der Beseitigung der Fremdheit.

Die ersten Fremden, die aus dem archaischen Griechenland zu uns auf den europäischen Kontinent kommen, sind Frauen: die Danaiden aus den *Schutzflehenden* von Aischylos (fünftes Jahrhundert vor Christus). Es sind in dreifacher Hinsicht Fremde: Sie stammen aus Ägypten, sind unehelich geboren und widersetzen sich der Heirat. Der Dramatiker sieht kein anderes Mittel, um den Danaiden – deren Wassertonnen, weil per Definition, per Herstellung durchlöchert, nie voll werden – politischen Empfang zu gewährleisten, als ihnen zu Gesten des Flehens zu raten: »Denn reizbar […] ist allhier die Menschenart./Versteh' dich auf Nachgiebigkeit! Bist arm und fremd/Und flüchtig. Kühne Sprache passt für Schwache nicht.« Gibt es also für diese erstmals auftretende griechische Fremdheit keine andere Lösung als erflehte Integration?

In der klassischen Epoche, in der sich die Vorstellung eines staatsbürgerlichen Zusammenhangs, einer Gemeinschaft – *koinonia* – ausbildet, fordert Perikles von allen Bürgern eine doppelte attische Abstammung: väterlicher- wie mütterlicherseits. Die Fremden dagegen sind Barbaren und Metöken. Obwohl wild und zurückgewiesen, faszinieren sie. Und für Isokrates bezeichnet »Grieche« nicht eine Rasse beziehungsweise einen Stamm, sondern »Bildung«: »[...] Diejenigen (werden eher) Griechen genannt, welche unsre Bildung, als Die, welche die gemeinschaftliche Abstammung mit uns theilen.«[6]

Schließlich tritt langsam der panhellenische Kosmopolitismus in Erscheinung. Davon zeugt der Ausspruch Menanders – in der lateinischen Übersetzung nach Terenz: »Ich bin ein Mensch, und nichts Menschliches ist mir fremd.« Doch es sind Stoiker, Zenon von Kition (335–264 vor Christus) und Chrysippos von Soloi (281–205 vor Christus), die die Vorstellung der *oikeionis* entwickeln, das mit »Zueignung« zu übersetzen wäre, eine Art »inneres Fühlen« oder Lebensdynamik, die das Subjekt in Übereinstimmung mit sich selbst bringt. Daraus erwachsen die römischen Vorstellungen von *conciliatio* und *commendatio* (Cicero) oder *committo* (Seneca), später die Begriffe *amor nostri* und *caritas*, von den Stoikern als Grundlage des bewussten Lebens verstanden, worin das gesamte Menschengeschlecht vereint ist: *caritas generis romani* (Cicero).

Von diesem historischen Moment an setzt der Fremde auf der Suche nach einem Land, das nicht existiert – einer Suche durch die wie jenseits der *polis* –, sein verstörendes Fragezeichen nicht nur in Bezug auf die Gruppenidentität und deren politischer Leitung, sondern auch hinsichtlich der Identität der Person und, grundlegender noch, hinsichtlich des uns von der Metaphysik hinterlegten Seins selbst. Der Fremde zwingt uns, zwischen identitärer Verkrampfung und Dekonstruktion/Rekonstruktion von Gruppe, Familie, Nation zu wählen, ja mehr noch: Er eröffnet die unausweichliche Frage der Transzendenz – jenes Verlangens nach Sinn, der immer woanders, immer höher, immer schneller und immer stärker ist, der trennt, *reinigt* und *versöhnt*.

Das Judentum bringt eine andere Logik vor; nicht mehr die der *Versöhnung*, sondern die der *Auserwähltheit* (*bahar* = auswählen, einen Blick werfen) verdichtet sich zu *Bund* (*berit* = Engagement, Verantwortlichkeit, Treue). Wenn die Thora vom Standpunkt des in seiner Flucht umherirrenden Fremden aus spricht, dann nicht, um die Differenz zur Fremdheit aufzuheben. Vielmehr soll damit die als unabwendbar erachtete Fremdheit als *Prüfung* und als *Auserwählung* gewürdigt werden. Und Auserwählung ist sie, weil sie – aufgrund ihrer Suche nach einem nicht existierenden Land, nach dem Jenseits, der Transzendenz – eine Prüfung ist. Liegt darin nicht der Sinn des Bundes, der im »5. Buch Mose« bereits bis nach Ägypten erweitert wird: »Den Ägypter sollst du auch nicht verabscheuen; denn du bist ein Fremdling in seinem Lande gewesen«[7], und dies vor dem Universalismus der Propheten, von Amos bis Jeremias. Und nicht zu vergessen Ruth die Moabiterin, Ahnherrin von König David, die die Fremdheit dem Ursprung des jüdischen Königtums einschreibt.

Bei Paulus, dann bei Augustinus erfolgt eine Synthese zwischen der auserwählten Fremdheit, die mich außerhalb meiner selbst und meiner Nation treibt, auf der einen und dem »inneren Fühlen«, dem Lebensdynamismus des mit sich Übereinstimmens der Griechen und Römer auf der anderen Seite – eine Synthese, die uns heute beschäftigt: die *Ecclesia*.

Die *Ecclesia* setzt sich von *laos* (Volk) ab durch das Projekt eines Neuen Bundes, der sich mit Paulus an die Not und Verzweiflung der Fremden des Römischen Reichs wendet, mit diesen aber auch an die Angst eines jeden, jeglichen Sinn verloren zu haben, und an die Einzigartigkeit der umherirrenden sprechenden Wesen – sie alle Reisende der *Civitas peregrina* gemäß Augustinus. Dieser Neue Bund wird die Universalität der Menschen jenseits der »Völker« sein, das »Volk« der *Ecclesia*.

## IV. Der geschichtliche Idealtyp

Die französische Aufklärung, dann die Menschen- und Bürgerrechte suchen diese Dekonstruktion der politischen Identitäten in den politischen Pakt *selbst* zu integrieren, das Universelle im Politischen immanent werden zu lassen: vermittels des Begriffs der Einheit der »Menschengattung« und juridischer, sozialer und politischer Maßnahmen zu ihrer praktischen Umsetzung ab dem 18. Jahrhundert; vermittels des »Zusammenlebens« in kultureller Vielfalt innerhalb der modernen Globalisierung.

Nach meiner Rückkehr vom interreligiösen Treffen für den Frieden in Assisi 2011, auf dem Benedikt XVI. jenen Satz in Richtung der Gläubigen aussprach, der mich geprägt hat, nämlich »Gott nicht als ihr Besitztum anzusehen, das ihnen gehört«, habe ich Freunden der Benediktiner die Gründung eines »Montesquieu-Kreises« vorgeschlagen, in dem Geistliche, Priester, Rabbiner, Imame und humanistisch Gesinnte sich zu gemeinsamem Denken und Arbeiten treffen. Warum Montesquieu? Montesquieu, nach Ernst Cassirer »der erste Denker, der den Begriff des geschichtlichen Idealtyps erfasst und artikuliert hat«, denkt die »Gesamtheit der Gattung« und das politische Gefüge des Globus von der »Soziabilität« und der »allgemeinen Geisteshaltung« aus, die die endlich zu ihrer tatsächlichen Universalität gelangte Menschengattung leiten. Zwar erkennt Montesquieu die Bedeutung des Nationalen an, überführt es aber und lässt es aufgehen in einer politischen Philosophie ohne Grenzen: maximale Integration der gesamten Menschheit in einer gemäßigten, realisierbaren Idealform. Nach Montesquieus Einschätzung ist das Nationalgefühl historisch bereits am Abnehmen, sodass er schreiben kann: »Wenn mir etwas bekannt wäre, das mir nützlich, für meine Familie aber schädlich wäre, so würde ich es mir aus dem Sinn schlagen. Wenn mir etwas bekannt wäre, das meiner Familie zuträglich wäre, meinem Vaterlande aber nicht, so würde ich suchen, es zu vergessen. Wenn mir etwas bekannt wäre, das meinem Vaterlande zuträglich, für Europa aber abträglich wäre, oder etwas, das für Europa nützlich, für die Menschheit aber schädlich wäre, so würde ich es für verbrecherisch halten.«[8] Mit dieser Einschätzung und dem Setzen auf eine durch die Entwicklung des Handels offene internationale Gesellschaft, die von Europa beherrscht wird und von der maßvollen Regulierung der Güter- und Geldzirkulation abhängig ist, entwickelt Montesquieu einen *naturalistischen Rationalismus*, der sich den Stoikern zuordnen lässt.

Mit der Entstehung dieses modernen politischen Denkens zeichnet sich allerdings auch bereits die erforderliche Errichtung eines Sicherheitsnetzes ab, das in seinen Augen die gewaltsame Zusammenführung des Gesellschaftlichen und des Politischen in einem jede Möglichkeit von Freiheit unterbindenden totalisierenden Gesamtgefüge verhindern sollte. Zu diesem Sicherheitsnetz gehören: Gewaltenteilung; Aufrechterhaltung einer durch ein vernünftiges Rechtswesen gebremsten konstitutionellen Monarchie; Achtung des Privaten, ja des Geheimen in einem Allgemein-Gesellschaftlichen, das nicht homogen ist, sondern als eine Allianz von Einzigartigkeiten (die »Schwäche« und »Scheu« der Einzelnen respektierend) fortbesteht; Entsakralisierung des Politischen durch den Versuch, anhand eines Spiels vielfältiger Systeme und Schichtungen (politisch, sozial, privat usw.) irreduzible Unterschiede zu harmonisieren. Montesquieus Kosmopolitismus ist als Zurückweisung der *einen* Gesellschaft zugunsten der singularisierten und koordinierten Vielfalt von Personen zu verstehen.

## V. Mensch versus Bürger

Das Mindeste, was man sagen kann: Der Nationalismus Jahrhunderte nach Montesquieu hat die Notwendigkeit seiner Warnungen und seiner Sicherheitsnetze bestätigt.

Seit der Französischen Revolution und bereits in der epochalen Erklärung der Menschen- und Bürgerrechte (16. August 1789) wird allerdings nur allzu deutlich, dass dieser Horizont ein solcher bleiben wird, die friedliche Leitung aber unmerklich den universellen Begriff – die »Menschen« und deren »politische Vereinigungen«, die die gleichen natürlichen Rechte umsetzen sollen – aufgibt, um auf die geschichtlich »wesentliche politische Vereinigung« zu stoßen: die Nation – und damit auf das von Anfang an benannte Paradox:

Artikel I: Die Menschen sind und bleiben von Geburt frei und gleich an Rechten.
Artikel VI: Das Gesetz ist der Ausdruck des allgemeinen Willens. Alle Bürger haben das Recht, [...] an seiner Gestaltung mitzuwirken.

Mag er also universell sein, so ist der »natürliche« Mensch, wird er unmittelbar als politischer gedacht, doch national. Dieses Gleiten der Argumentation wird im Zusammenhang mit der ökonomischen Entwicklung der westlichen Gesellschaften zur Entstehung der Nationalstaaten führen und, durch Ableitung oder Abweichung, zum Aufflammen des Nationalismus im 19. und 20. Jahrhundert. Dennoch ist die vielfach – zuerst von Edmund Burke – als abstrakt gewertete Umsicht festzuhalten, die darin besteht, das Wesen des nationalen Staatsbürgers von dem des universellen und natürlichen Menschen zu trennen. Definiert durch die französische Menschenrechtserklärung, die sie auf die Natur bezieht, bestehen diese Menschenrechte in »Freiheit«, »Eigentum«, »nationaler Souveränität«. In der amerikanischen Deklaration, die sie auf Gott bezieht, werden sie »Leben«, »Freiheit« und »Glück« genannt. Man kann diesen Dualismus – Mensch/Bürger – im Inneren des höchsten Gleichheitsanspruchs bedauern. Man kann die Unbestimmtheit der Grundlage, auf der die Gleichheit der Menschen beruhen soll – göttlich oder natürlich? –, kritisieren. Und doch ist, nach den furchtbaren Erfahrungen der neueren Geschichte, die ethische und politische Eingebung nur zu bewundern, die, über die geschichtliche Notwendigkeit hinaus, das nationale politische Wesen der Menschen anzuerkennen, sich einen unveräußerlichen Horizont vorbehält, der auf das nationale politische Bewusstsein und dessen Rechtsetzung nicht rückführbar ist.

Seine radikale Formulierung findet dieser moderne Universalismus bei Kant. In seiner *Idee zu einer allgemeinen Geschichte in weltbürgerlicher Absicht* (1784) übersetzt er den »moralischen Imperativ« auf die rechtliche und praktische Ebene, indem er »ein gesetzmäßiges äußeres Staatenverhältnis« ins Auge fasst und sich für »einen Völkerbund« ausspricht, das heißt eine »vereinigte Macht« und »Entscheidung nach Gesetzen des vereinigten Willens«.[9] Kaum formuliert, stößt das universelle Recht allerdings auch schon auf eine zentrale Schwierigkeit: Wie lässt sich dieser »vereinigte Wille«, dieses Land jenseits der Länder, in das die Völker und die Länder ihre »Fremden« integrierten, die dann keine mehr wären, ohne eine höhere und universelle transzendentale Instanz gewährleisten? Kant selbst findet seine Idee überspannt, »schwärmerisch« nennt er sie im Gedanken an den Abbé de St. Pierre und an Rousseau, die ihm in dieser Vision vorausgegangen waren, und an die »ungesellige Geselligkeit der Menschen«.[10] Er hält dennoch an ihr fest als dem »unvermeidlichen Ausgang der Not«. Woraus sollte diese Hospitalität, diese unfreiwillige Generosität nun entspringen? Schlicht daraus, dass die Erde rund ist, aus deren »Kugelfläche«[11] – schließt Kant recht pragmatisch und naiv ...

Die Schoah und die innergemeinschaftlichen Massaker, die verstärkt auch im 21. Jahrhundert weiterhin geschehen, zeugen davon, dass es trotz beträchtlicher Fortschritte, trotz des moralischen Imperativs, der Endlichkeit der Erdoberfläche und der politisch-rechtlichen Anpassungen des internationalen Rechts nicht gelungen ist, die soziopolitischen Schwierigkeiten der Fremden zu lösen. Sie sind noch ohnmächtiger angesichts jenes Drangs zum Jenseits, der jeden von uns beherrscht, und, dramatischer noch, die Fremden, die, dem vielfachen Scheitern der Integration und den Kräften des Zerfalls ausgesetzt, nicht nur die Geste des Flehens verweigern, sondern die Zügel des Lebenstriebs schleifen lassen und dem Todestrieb verfallen.

Angesichts fehlenden Einverständnisses und fehlender Versöhnung – wir sind weit entfernt von den Stoikern und den pazifizierenden Tendenzen des *religere* wie des »vereinigten Willens« von Kant – hatten

Ratzinger und Habermas sich auf eine »Rückkehr zum Glauben«[12] berufen. Doch zu welchem Glauben? Der Dialog zwischen den Religionen scheint außerstande, dem Töten zwischen den Gläubigen ein Ende zu bereiten – und gehörten sie auch zu den drei Monotheismen, ja vielleicht gerade dann nicht; und auch die buddhistische innere Ruhe und Gelassenheit kennt durchaus Ausbrüche gegen fremde Gegner.

Ich bin schwach genug zu denken, dass die Entwicklung der Geistes- und Sozialwissenschaften, zumal der Psychoanalyse, die ihre Kenntnis des Seelenlebens immer weiter vertieft, auf innovative Weise zur Neubegründung des modernen Humanismus in seiner universalistischen und kosmopolitischen Zielrichtung beiträgt. Und dies ganz besonders angesichts der Identitätsstörungen, die die Fremden, aber auch die jeweiligen Einheimischen eines Landes erleben, die jene in der digitalisierten Globalisierung empfangen.

## VI. Das Unheimliche nach Freud

Zwei zentrale Momente der Entdeckung Freuds betreffen unmittelbar unser Thema.

Mit seinem Begriff des »Unheimlichen«[13] sollen wir uns den leidenschaftlichen Reaktionen stellen, die der/die/das Fremde, gleichgesetzt mit dem Fremdartigen, Sonderbaren, Angsteinflößenden und Bedrohlichen, auslöst. Der fremdartige Fremde – vor dem wir uns umwenden, den wir zurückweisen oder verfolgen, der uns bedroht oder den unsere Barmherzigkeit willkommen heißt, infantilisiert oder stimuliert – existiert nicht an sich, so Freud. Er weckt Ängste und Traumen, die in uns stecken, die wir aber vergessen – verdrängt – zensiert haben und die in der Begegnung mit dem anderen, zumal mit dem fremden anderen, erweckt und aktualisiert werden.

Ihr könnt das Fremde nicht ausrotten, sagt die Psychoanalyse, jeder Einzelne trägt in sich und löst – im anderen – Liebe und Hass aus; aber ihr könnt sie in euch erhellen, um sie umso besser bei den anderen

aufnehmen zu können. Indem ihr die Fremdheiten, die Unheimlich-
keiten – Ängste, Befürchtungen, Gewalttätigkeiten und Zurückweisungen –, die in euch hausen, bezähmt, der Fremdheit in euch selbst
Sinn verleiht, bereitet ihr das Lebendigwerden jenes »inneren Fühlens«
(oikeiosis) vor, der universellen Zueignung und des Ausgleichs, das der
Universalität der Menschengattung vorangeht. Die innere Psychisierung
des Unbehagens, das der/das Fremde auslöst, fordert uns auf, Migranten wie Aufnehmende individuell zu begleiten. Damit wird das »Problem der Fremden« nicht gelöst. Diese Psychisierung kann lediglich zu
den wirtschaftlichen, rechtlichen und sozialen Maßnahmen hinzutre-
ten. Doch durch die Verinnerlichung des politischen Spiels lässt sie
uns verantwortlich werden und bezeugt sie, dass der universalistische
Humanismus ein heikles, einzeln zu erneuerndes und sehr langwieriges Experiment ist.

Um die frommen Wünsche des abstrakten Universalismus zu ver-
meiden, bleibt einem jeden ein fragiles, aber unerlässliches Mittel: den
Fremden in uns wie die Fremden individuell zu begleiten. Dies erscheint
mir gegenwärtig, in dieser Zivilisationskrise, die unter dem Deckel der
Globalisierung hervorbricht, und angesichts der Not der unter dem
Migrationsstrom erschütterten Nationen eine Notwendigkeit.

Um dies zu verdeutlichen, möchte ich ein Extrembeispiel anführen:
die mörderischen Akte von (zumeist) jugendlichen, gesellschaftlicher
Desintegration, tief greifender Depression wie deren manischer Kehr-
seite, dem fundamentalistischen Fanatismus und fundamentalistisch
gestimmten Gangstertum ausgelieferten, Fremden.

## VII. Fremdheit und das radikal Böse

Tatsächlich werden die Globalisierung im Allgemeinen und der repu-
blikanische Pakt im Besonderen durch neuartige Fremde tief greifend
erschüttert: Die Einforderung von Rechten verkommt zu Vandalismus;
wenn nicht zu Tod verbreitendem fundamentalistisch gestimmtem

Gangstertum und Fanatismus. Nicht wirklich neuartig, denkt man an den Nihilismus des ausgehenden 19. Jahrhunderts und andere zerstörerische suizidäre Ausbrüche. Und doch neuartig, weil sie in einem Kontext neu erwachten spirituellen Verlangens agieren, unter Berufung auf einen Drang hin zum Absoluten, das nicht als (göttliche oder säkularisierte universalistische) Idealität, sondern durchaus als »Leiden an Idealität« oder »Idealitätskrankheit« bezeichnet werden muss. Neuartig, weil in Resonanz mit den Konflikten im Nahen Osten. Und weil eine Kampfansage an das französische Modell der Säkularisierung, an die Laizität.

Die Kriminalität der unterprivilegierten Adoleszenten, der Fanatismus der jungen und nicht mehr so jungen Menschen, die für den IS Selbstmordattentate begehen, das Wiederaufflackern des virulenten Antisemitismus, all das offenbart tatsächlich eine radikalere Phase des Nihilismus, eine Phase jenseits des Zusammenpralls der Religionen. Sie betrifft ganz besonders junge Franzosen aus dem Immigrantenmilieu, die durch prekäre Familienverhältnisse, durch schulisches und berufliches Scheitern jeden Halt verloren haben, die nicht integriert und gesellschaftlich entfremdet sind.

Wie alle Adoleszenten rebellieren diese Spätadoleszenten gegen das »System«, auf der Suche nach Anerkennung, einem Ideal, angetrieben von einem paradiesischen Verlangen. Nur mit dem Unterschied, dass ihr Ansturm auf ein Jenseits des Unbehagens von ungeheurer Gewalttätigkeit ist und sich in einem schwachen »Ich« vollzieht, das deshalb auch auseinanderbricht. Dabei verschwinden die Ideale selbst, hinweggefegt vom triebhaftesten aller Triebe, dem allen Lebenstrieb in sich aufsaugenden Todestrieb. Dieser Desintegrationsprozess erfasst tief greifend die Triebfedern der Zivilisation und offenbart damit die Zerstörung des vorreflexiven Glaubensbedürfnisses, das für das Seelenleben mit und für den anderen konstitutiv ist.

Die Psychoanalyse wagt sich vor zu dieser tief greifenden Desorganisation der Person: der *Entbindung* (»›ich‹ gibt es nicht«, »nichts als ein zu allem fähiger Triebimpuls zur Entbindung«), wie zur Desorganisation der Bindung an den anderen: die Desobjektalisierung (»der andere hat weder Sinn noch Wert«), wo lediglich die Bösartigkeit des Bösen, das »radikal Böse« triumphiert. Was ist das radikal Böse? Es besteht darin, die Überflüssigkeit der Menschenwesen zu deklarieren und zu realisieren: ihre Tötung (Kant, Arendt). Gibt es für das radikal Böse keinen Grund? So zumindest behaupten es Mystik und Literatur, jede auf ihre Weise. Wir – der politische Pakt – können es dabei nicht belassen. Mit der psychoanalytischen Erfahrung, die ich mir angeeignet habe, begnüge ich mich auch nicht mit bloßem Aufbegehren. Ich forsche nach den Logiken des extremen Bösen im Rahmen von Übertragung und Gegenübertragung. So finden wir heraus, dass unter diesen neuartigen Fremden bestimmte Personen, zumal Heranwachsende, der Idealitätskrankheit verfallen: Unfähig, innen und außen, Selbst und anderer zu unterscheiden, explodieren sie buchstäblich. Der Todestrieb absorbiert das Seelenleben, ohne Selbst und anderen, weder »ich« noch »du«, dämmert »man« dahin in der blinden, selbstzerstörerischen Destruktivität. Das Bedürfnis zu glauben bricht im Reich der Entbindung *und der* Desobjektalisierung, begleitet von unsinniger Lust, wenn nicht in der Leere der Apathie, der scheinbaren und trügerischen Teilnahmslosigkeit, in sich zusammen.

In dem die Geschichte maßgeblich prägenden Kriegszustand zwischen Fremden haben Menschen immer wieder versucht, »gut« und »böse« zu unterscheiden, Ergebnis des Zusammenpralls von Werten, die ihrerseits divergierende oder konkurrierende libidinöse Interessen ablösen. Daraus haben sich der religiöse Mensch und der moralische Mensch entwickelt: Mehr oder minder schuldig und revoltierend, leben sie davon, reflektieren sie darüber und hoffen, durch deren Aufklärung sich möglicherweise besser zu verstehen, statt sich gegenseitig umzubringen.

Neben diesem diskutierbaren Bösen existiert ein weiteres, das »extreme Böse«, das den Sinn der Unterscheidung von gut und böse hinwegfegt und damit die Möglichkeit unterbindet, an die Existenz des anderen, an den Sinn und an das eigene Selbst heranzukommen. Diese Grenzzustände des Menschen flüchten nicht nur in die Kliniken und auf die Couchen der Psychoanalytiker, sie wüten in den soziopolitischen Katastrophen, in der Abjektion, der Abscheulichkeit der Vernichtung – wie der Schoah, diesem jeder Vernunfterklärung sich sperrenden Horror. Neue Formen des extremen Bösen breiten sich heute in der globalisierten Welt aus, im Gefolge jener Idealitätskrankheiten, die sich im fundamentalistisch gestimmten Gangstertum entfalten.

Aus dieser Diagnose erwächst der spezifische Charakter der psychoanalytischen Begleitung, ihr Wagemut. Der Psychoanalytiker steht damit an jenem untragbaren Schnittpunkt, an dem Desobjektalisierung und Objektalisierung wirken und bedrohen, aber auch eine Neustrukturierung in Gang setzen können. Darauf setzen wir, nach der Entdeckung des Todestriebs und der potenziellen Bösartigkeit des psychischen Apparats, die in den Idealitätskrankheiten beruht. Diese Idealitätskrankheiten – diese Fremdheiten – sind integraler Bestandteil des psychischen Apparats, sie sind nicht unabwendbar, sie appellieren an uns. Diese seelischen Leiden vernichten das Bedürfnis zu glauben und die Wissbegierde in einer Weise, dass der Mensch, unfähig, Bindungen einzugehen, seines Selbst beraubt und ohne Gespür für den anderen, in einer Abwesenheit von Welt, in einer Nichtwelt und ohne »gut« noch »böse« noch irgendeinem anderen Wert, umherirrt.

Ist es möglich, das analytische Hören bis an diese Grenzen des Homo sapiens zu treiben und unter solchen Bedingungen überhaupt noch Psychoanalyse zu betreiben?

Die Demokratien stehen vor einer historischen Herausforderung: Sind sie in der Lage, dieser Krise des Glaubensbedürfnisses und der Wissbegierde, die unter dem Deckel der Religion hervorbricht und die bis an das Fundament der Bindung zwischen den Menschen reicht, die Stirn zu bieten? Die Angst, die uns in diesen Zeiten mörderischer Exzesse, vor dem Hintergrund wirtschaftlicher und sozialer Krisen, gefrieren lässt (der Fall Mohamed Mérah, der Fall Mehdi Nemmouche, die

Brüder Zarnajew beim Bostoner Marathon, die Märtyrerkandidaten in Syrien, die Enthauptung Hervé Gourdels in Algerien usw.), zeugt von unserer Unsicherheit angesichts dieses riesigen Einsatzes. Ich habe versucht zu sagen, inwieweit dies alles mich betrifft. Bin ich optimistisch, zu optimistisch? Ich würde mich eher als eine energische Pessimistin beschreiben. Und ich frage: Was tun wir? Nicht vor dem Bösen, nicht einmal dem radikal Bösen, die Waffen strecken. Sondern geduldig die Suche fortsetzen – sicher nicht nach irgendeinem utopischen Gleichgewicht, vielmehr nach jenem fragilen Punkt, den Pascal als »Perpetuum mobile« definiert: »(Wer) das Geheimnis gefunden hätte, sich über das Gute zu freuen, ohne sich über das entgegengesetzte Übel zu ärgern, hätte den richtigen Punkt getroffen. Das ist das Perpetuum mobile.«[14]

Und wenn die Erfahrung, die uns heute fehlt, um diese neuartigen Fremden zu begleiten, genau dieser »Punkt« wäre, dieses »Perpetuum mobile«, in Richtung auf dieses »Geheimnis [...], sich über das Gute zu freuen, ohne sich über das entgegengesetzte Übel zu ärgern«? Eine bestimmte innere Erfahrung – um die Fremdheit, und sei es die explosivste, zu begleiten.

## VIII. Praktisch ...

Abschließend drei Feststellungen.

■ Der Fremde, der als Chance in Erscheinung treten konnte, die Gruppe zu mehr Brüderlichkeit hin zu öffnen, trägt diese Botschaft für mehr Universalismus weiterhin an die Adresse der Männer und Frauen des 21. Jahrhunderts. Doch die Verstörung über diese Wahl des Fremden erweist sich als so tief greifend, dass sie die fragile Conditio humana verschlimmert und unsere *Suchen nach Sinn* verschärft, indem sie sie in Idealitätskrankheiten verwandelt: Das radikal Böse breitet sich unter dem Deckmantel heiliger Kriege aus. Fixieren wir den Fremden nicht in seiner spezifischen Lage, sei es als Propheten oder als Barbaren: als Quelle von aufklärendem Fragen wie als Quelle von tödlichem Fanatismus. Empfangen wir ihn/sie in seiner/ihrer Einzigartigkeit, seine/ihre Sackgassen sind die unseren, sie betreffen auch uns, sie können miteinander geteilt werden.

- Die nationale Identität spürt deshalb nicht minder die Folgen; sie verändert sich fortlaufend schneller. Am beginnenden 21. Jahrhundert ist jeder in Frankreich gehalten, der selbe *und* der andere zu bleiben: ohne seine Ausgangskultur zu vergessen, aber sie so weit zu relativieren, dass sie nicht nur neben den Kulturen der anderen existiert, sondern mit diesen in Wechselwirkung steht. Eine neue Homogenität ist wenig wahrscheinlich, vielleicht auch nicht wirklich wünschenswert: Die Rhetorik des Front National ist reaktiv, regressiv und ohne den trügerischen Schein von Trost selbstmörderisch. Kraft der Ökonomie, der Medien, der Geschichte sind wir aufgerufen, in einem gemeinsamen Land zusammenzuleben, einem Frankreich, das sich selbst auf dem Weg der Integration in ein Europa befindet. Bewegen wir uns auf eine Nation zu, die einem Puzzle gleich aus diversen Partikularitäten besteht, deren numerische Dominante für den Augenblick noch französisch bleibt – aber wie lange noch?

- Angesichts eines fehlenden neuen Gemeinschaftsbandes – einer Heilsreligion, die die Masse der Umherirrenden und Differenten zu einem neuen Konsens zusammenführen würde, zu einer geistigen »Einmütigkeit«, die anderes wäre als der Run auf mehr Geld und Konsumgüter für alle – werden wir erstmals in der Geschichte dazu gebracht, mit Differenten zusammenzuleben und dabei auf unsere persönlichen moralischen Regeln zu setzen, ohne dass eine unsere Besonderheiten umschließende Gesamtheit sie transzendieren könnte. Eine paradoxe Gemeinschaft ist am Erscheinen, bestehend aus Fremden, die sich in dem Maße wechselseitig anerkennen, in dem sie sich selbst als Fremde erkennen. Die multinationale Gesellschaft wäre in diesem Sinne das Ergebnis eines extremen Singularismus, der allerdings sich seiner Malaisen und seiner Grenzen bewusst wäre, der nur aufeinander nicht rückführbare Wesen kennen würde, die aber bereit wären, sich wechselseitig in ihrer Schwäche zu helfen, einer Schwäche, deren anderer Namen lautete: unsere radikale Fremdheit – eine Art von *Heiligem*. Augustinus lädt uns ein, dies zu denken, wenn er schreibt:

»Gott, durch den wir lernen, dass das, was wir manchmal als unser wähnten, uns fremd ist, und dass das, was wir manchmal als fremd wähnten, unser ist.«[15]

Aus dem Französischen von Bernd Schwibs

## Anmerkungen

1 Der Text beruht auf einem Vortrag, den Julia Kristeva am 1. Oktober 2014 im Rahmen der Gesprächsreihe »Droit, Liberté et Foi« unter dem Titel »Réflexions sur l'étranger« am Collège des Bernardins (Paris) gehalten hat.

2 Weitere Ausführungen dazu finden sich in: Julia Kristeva: *Fremde sind wir uns selbst.* Frankfurt am Main 1990.

3 Hier generell in der Bedeutung von »citoyen«, das heißt Staatsbürger (A. d. Ü.)

4 Im französischen Original: »Mon ennemi, mon semblable, mon frère« – bezieht sich auf eine Passage aus der gängigen französischen Übersetzung von Schopenhauers *Über die Grundlage der Moral*: »Celui qu'anime la discorde (le neikos), s'il pouvait, par un effort de sa haine pénétrer jusque dans le plus détesté de ses adversaires et là parvenir jusqu'au dernier fond, il serait bien étonné : ce qu'il y découvrirait, c'est lui-même : mon ennemi, mon semblable, mon frère, moi-même qui se trouve être le pire adversaire avec lequel je suis en lutte«; im deutschen Original heißt die Stelle: »Aber wer, vom νεῖχος [Hass] beseelt, feindlich eindränge auf seinen verhasstesten Widersacher und bis ins Tiefinnerste desselben gelangte; der würde in diesem zu seiner Überraschung sich selbst entdecken. Denn so gut wie im Traum in allen uns erscheinenden Personen wir selbst stecken, so gut ist es im Wachen der Fall – wenn auch nicht so leicht einzusehen. Aber 'tat-tvam asi' [dies bist du]« (Arthur Schopenhauer: *Sämtliche Werke. Band III.* Frankfurt am Main 2012, S. 809). Die französische Passage »mon ennemi, mon semblable, mon frère« gemahnt auch an die letzte Zeile aus Baudelaires »Au lecteur«/»An den Leser«: »– Hypocrite lecteur, – mon semblable, – mon frère!«/»– scheinheiliger Leser, – Meinesgleichen, – mein Bruder!« (A. d. Ü.).

5 Marcel Proust: *Auf der Suche nach der verlorenen Zeit, Band 4: Sodom und Gomorrha.* Frankfurt am Main 1999, S. 620.

6  Isokrates: »Panegyricus«. In: Ders. *Werke*. Stuttgart 1832, S. 182 [https://books.google.de/
   books?id=VPA-AAAAcAAJ&printsec=frontcover&hl=de&source=gbs_ge_summary_r&cad
   =0#v=onepage&q=Panekyrikos&f=false].

7  5. Buch Mose 23,8.

8  Montesquieu: *Mes pensées*. *Œuvres complètes*, Band I. Paris 1949, S. 981.

9  Immanuel Kant: *Idee zu einer allgemeinen Geschichte in weltbürgerlicher Absicht*. In: *Werke in
   zwölf Bänden*, Band XI. Frankfurt am Main 1968, S. 41.

10  Ebd., S. 37, 41.

11  Immanuel Kant: *Zum ewigen Frieden*. In: Kant 1968, S. 214.

12  Jürgen Habermas, Joseph Ratzinger: *Dialektik der Säkularisierung*. Freiburg 2005.

13  Im französischen Original: »l'inquiétante étrangeté«; wörtlich rückübersetzt: »beunruhigende
   Fremdheit«: Damit wird allgemein Freuds Begriff des »Unheimlichen« übersetzt (A. d. Ü.).

14  Blaise Pascal: *Gedanken über die Religion und einige andere Themen*. Stuttgart 1997, S. 57.

15  In Aurelius Augustinus: *Selbstgespräche. Von der Unsterblichkeit der Seele*. München, Zürich
   1986, S. 11, lautet die Übersetzung aus dem Lateinischen: »Gott, durch den wir lernen, dass
   uns nicht gehört, was wir wohl einst zu besitzen wähnten, und dass wir besitzen, was wir wohl
   einmal als fremdes Eigentum betrachtet hatten.«

*Alfred Hackensberger*
# Hidschra oder die Auswanderung in die Fremde
Zur Motivation muslimischer Flüchtlinge

## 1

Der Zettel sorgte für Schlagzeilen. Mit schwarzem Kuli hatte jemand »Große Brüste«, »Ich will fucken«, »Ich will töte dich küssen« und andere Unappetitlichkeiten, nebst arabischer Übersetzung, auf ein gelbes Blatt gekritzelt. Es sollen die Richtlinien eines jungen Marokkaners für die große Silvestersause vor dem Kölner Dom gewesen sein. Er war einer von vielen, die sich zum Neujahrswechsel massenhaft an Frauen vergriffen. Dieser gelbe Zettel erinnerte mich spontan an den »Korb voller Eier«, den ein junger Italiener aus Neapel mit in den Zug nach Deutschland nahm. Er wollte die Fahrtzeit nutzen, um sich mit dem Verzehr »energetisch« auf das deutsche Sextraumland vorzubereiten. »Die ficken doch alle auf der Straße«, glaubte der junge Mann aus Italien und wollte sichergehen, dass er lange genug »standhaft« bliebe. Nun gut, diese Anekdote liegt drei Jahrzehnte zurück, war aber damals schon, im Europa der 1980er-Jahre, völlig anachronistisch. Nicht anders, als es die Vorfälle von Köln an Silvester waren. Die Täter aus Marokko, Tunesien und Algerien hatten ähnliche Klischeevorstellungen über die Fremde im Kopf wie damals der Neapolitaner. Nur mit dem großen Unterschied, dass sie mit Gewalt ihre Sexfantasien umzusetzen versuchten – er nicht. Der 23-Jährige war bitter enttäuscht und sprach drei Tage lang fast kein Wort mehr, nachdem er in Deutschland desillusioniert feststellen musste: »Niemand fickt auf der Straße.« Er hatte sich auf dümmste Weise etwas vorgemacht.

## 2

Einige der verdächtigen Nordafrikaner sind Asylbewerber. Dabei gibt es in ihren Heimatländern in der Regel keinen Anlass zur Flucht. Sie sind Wirtschaftsimmigranten, die die Gelegenheit offener europäischer Grenzen beim Schopfe packten und sich unter die Flüchtlingsströme der neuen Völkerwanderung von Ost nach West mischten. Auf Arabisch heißt Auswanderung Hidschra. Das bezieht sich auf die Flucht des Propheten Mohammed von Mekka nach Medina im Jahr 622. Sie ist gleichzeitig der Beginn des islamischen Kalenders. Nach wenigen Jahren konnte der Prophet Medina und Teile der Arabischen Halbinsel erobern. Danach folgte Mekka mit der Zerstörung polytheistischer Gottheiten rund um die Kaaba. In der Fremde hatte also der Siegeszug Mohammeds und des Islams begonnen. Das soll sich heute in der Gegenwart wiederholen, wenn es nach der Terrormiliz Islamischer Staat (IS) geht. Sie missbraucht die Religionsgeschichte und erklärt die Auswanderung zur Pflicht, um Dschihad zu führen. Bis zu 30 000 Kämpfer aus über 100 Ländern folgten bisher dem vermeintlichen Gebot nach Syrien und in den Irak. Für die Flüchtlinge von heute auf der Balkanroute bedeuten Hidschra und das Verb hadschara dagegen einfach nur reisen, unterwegs sein. Nur einige wenige Ausnahmen sind darunter, wie etwa ein Teil der Paris-Attentäter, die irrtümlich glauben, dem Beispiel des Propheten zu folgen.

## 3

Mit Religion hatten die Nordafrikaner in Köln nichts im Sinn. Sie wollten sexuelle Freizügigkeit erzwingen, die sie in ihren Fantasien mitgebracht hatten und dort nicht löschen wollten. Nach dem Motto: »Die Schlampen sollen sich nicht so anstellen! Die verstellen sich doch nur – wie diese deutschen Frauen schon rumlaufen!« Lost in translation in einer fremden Kultur, wie das Gekritzel auf dem gelben Zettel schließen ließe? Die jungen Männer stammen aus Vororten der Großstädte oder vom Land und haben meist ihr Heimatland noch nie verlassen. Sie sind in traditionell konservativen, patriarchalischen Strukturen aufgewachsen. Trotzdem hätten sie die Bedeutungsunterschiede des weiblichen Kleidungs- und Verhaltenskodex in der deutschen Fremde erkennen und respektieren müssen. Das sollte man zumindest meinen, angesichts der Welt als »globalem Dorf« mit Internet und Satellitenfernsehen. Nur das Problem mit sekundären Erfahrungswelten ist: Man kennt die Länder in- und auswendig, gleichzeitig weiß man überhaupt nichts über sie. Vielleicht halten sich deshalb Klischees so hartnäckig, weil man eine Gewissheit verbürgt haben will, selbst dann, wenn sie erfunden ist. Eine Entschuldigung soll das natürlich nicht sein.

4

Deutschland und der Rest von Europa wurden in Nordafrika kollektiv zum Paradies verklärt. Sie galten als Ausweg aus der wirtschaftlichen Misere, ein Marsch ins Glück – Sex inklusive, den die meisten zu Hause nur restringiert ausüben können. Das als reduziert empfundene Leben wird in der Heimat zurückgelassen. Es ist das uneigentliche Leben, das durch ein neues Leben, ein Leben 2, intensiv und voll Prosperität, ersetzt werden soll. Das ist ein gängiges Modell der Moderne. Den Glauben daran lässt sich so schnell niemand nehmen. Ohne ihn droht ein Meer der Hoffnungslosigkeit. »Nur wer faul ist, wird nicht reich«, sagen Immigranten aus Schwarzafrika, die sich in den goldenen Norden aufgemacht haben. Sie sind fest davon überzeugt, in Europa liege das Geld buchstäblich auf der Straße. Deshalb nehmen sie alle Strapazen auf sich, sogar die Möglichkeit, unterwegs zu sterben. Ihr Wille ist unerschütterlich, denn die Zeit wird kommen, in denen das karge Dasein zu Ende geht und es Goldtaler regnet. Das hat mythologische Züge und erinnert an das Aschenputtel-Märchen der Gebrüder Grimm. Das arme Kohlenmädchen, das alles andere als faul ist, steckt jedes noch so bösartige Hindernis weg – und wird Königin. Dabei kommen ihr magische Kräfte zu Hilfe. Der Himmel zaubert, und aus der angeschwärzten Jungfer wird die große Liebe und Gattin eines Prinzen. Glückseligkeit ist genau das, was Aschenputtel längst verdient hatte. Wie sagte der französische Schriftsteller Michel Houellebecq einmal im Interview: »Menschen können nicht ohne Gott leben. Das Leben ist nicht mehr auszuhalten.« Und Gott kann bekanntlich viele Formen annehmen. Er scheint ein Universalwerkzeug zu sein.

## 5

Die jungen Männer aus den Maghreb-Staaten in Köln sind mit den Flüchtlingen aus Syrien, Irak und Afghanistan nicht zu vergleichen. Tausende von ihnen fliehen weiter Tag für Tag vor Krieg, Terror, Verfolgung und überfüllten Flüchtlingslagern. Sie wählen ihr neues Leben nicht selbst, die widrigen Umstände fordern es. Lieber würden sie in die Heimat zurückgehen und auf die Auswanderung verzichten. Aber Aspekte der Sicherheit, Versorgung und Zukunftsaussichten der Kinder entscheiden. Es ist eher ein sachliches Verhältnis denn eine paradiesische Verklärung ihres Ziels Deutschland. Mit der Sehnsucht nach einem intensiven, erfüllten Leben 2 hat das nichts zu tun. Logischerweise hält sich die kulturelle Transferbereitschaft dabei in Grenzen. »Kaum in Griechenland angekommen, haben sie über die widerwärtige Freizügigkeit gemeckert«, erzählt Simon, ein syrischer Christ. Er hat die gleiche Route genommen und ist heute in Schweden. »Sie sind entsetzt über die kurzen Röcke, dass Frauen Motorrad fahren und Bier in aller Öffentlichkeit trinken.« Für viele sei es wie die Ankunft im Sündenpfuhl. Manch einer der Familienväter bekomme Angst vor dem schlechten Einfluss auf seine Kinder. Trotz der moralischen Prüderie einer islamkonservativen Gesellschaft sind die Vorfälle von Köln für Simon keine Überraschung. »Die einzige Überraschung ist, dass es erst so spät passierte.« Weitere dieser Szenarien seien auf die eine oder andere Art vorprogrammiert. »Muslime durften nie, was sie wollten, da platzt es einfach aus ihnen heraus.« Was könne man von denen schon erwarten, erklärt Simon abwertend, die zu Hause die Schwester verprügelten, weil sie einen fremden Mann zu lange angesehen habe. »Und vor Blutrache schrecken die auch nicht zurück.«

# 6

Simon ist nicht gut auf Araber zu sprechen – schon gar nicht auf seine eigenen muslimischen Landsleute aus Syrien. Er scheint froh, der heimatlichen gesellschaftlichen Leitkultur des Islams entronnen zu sein. Simon, der Assad-Gegner, kämpfte zuerst gegen islamistische Rebellengruppen. Sie wollten seine Heimat im Nordosten Syriens wegen der Ölquellen erobern. Danach verteidigte er sie gegen die Invasion des IS. Simon hat von Arabern und dem Islam die Nase voll. Abgesehen vom Heimweh, nach Familie und Freunden, fühlt er sich in Schweden wohl. Kulturelle Anpassungsschwierigkeiten hat er keine. Denn der 23-Jährige ist nicht in einer Fremde gelandet, sondern in einem Zuhause. Für ihn ist es normal, Frauen die Hand zu geben, mit ihnen gemeinsam zu essen, sie ganz ohne Verschleierung und auch mit ihrer Unabhängigkeit zu akzeptieren. Er trinkt gerne mal einen über den Durst. Für ihn ist es kein neues, zweites Leben, das da in Schweden begonnen hat. Es ist eine Fortsetzung des Lebens in der Heimat. Mit seinem kulturellen Hintergrund einer christlichen Gemeinde kann er in Europa gut zurechtkommen. Der einzige Unterschied dürfte sein: In Europa kann er weit ungestörter seine Identität leben als zu Hause. Simon ist nicht mehr Teil einer Minderheit in einer muslimisch geprägten Gesellschaft. Nun ist es umgekehrt: Er gehört zur Mehrheit. Das Stück an mehr Selbstbestimmung genießt er, und er weiß damit umzugehen. »Für muslimische Syrer ist die Umstellung viel schwieriger, die sind so konservativ«, meint er. »Jetzt sitzen sie in Europa und beantragen ganz unschuldig Asyl«, fährt er dann verärgert fort. »Sie geben sich als

Opfer aus, dabei sind sie diejenigen, die für das heutige Chaos in Syrien die Schuld tragen.« Er meint damit die Unterstützung für islamistische Gruppen, die es wie Sand am Meer gebe. »Die Muslime sind mit dafür verantwortlich, dass unsere Heimat zum Eldorado internationaler Dschihadisten wurde.« Kollektive Schuldzuweisungen sind immer problematisch. Sie mögen einen Teil der Wahrheit abdecken, aber die Realität ist generell komplexer in ihren Zusammenhängen. Gleichzeitig vergisst Simon, dass er bei aller Zufriedenheit eine tragische Figur ist. Er ist einer von vielen Hunderttausenden von Christen, die ihre seit 2000 Jahren angestammte Heimat verlassen haben. Seine Hidschra ist Teil eines Exodus.

## 7

Die einen zieht es in den Westen, weil sie Bombenangriffe und Artilleriefeuer nicht mehr aushalten. Sie wollen überleben. Andere nehmen die entgegengesetzte Richtung, gen Osten und mitten in den Krieg. Sie wollen sterben. Das sind genau die Leute, die großen Anteil daran haben, dass Flüchtlinge in Syrien und im Irak Heim und Herd verlassen und oft nur das mit sich nehmen können, was sie am Leib tragen. Sie begehen unsägliche Grausamkeiten, versetzen die Bevölkerung in Angst und Schrecken. Die Rede ist von den al-Muhadschirun, den religiösen Auswanderern, die dem Ruf radikalislamistischer Organisationen in den Heiligen Krieg folgten. Aus Europa sollen das zwischen 5000 und 8000 meist junge Menschen gewesen sein. Letztes Jahr noch war es ein Strom von Hunderten von kampfbereiten Rekruten aus aller Herren Länder, die sich jeden Monat über die türkische Grenze nach Syrien schmuggeln ließen. Heute sollen es gerade noch 50 oder 60 sein. Die zunehmenden Niederlagen des IS sind miese Propaganda. Verlierer sind nicht sexy genug, um für sie das Leben aufs Spiel zu setzen. Nach neusten Meldungen des Bundesamts für Verfassungsschutz (BfV) sind aus Deutschland insgesamt 790 Islamisten in den Dschihad ausgewandert. Etwa ein Drittel davon sei zurückgekehrt, was die »Sicherheitslage sehr ernst« mache, wie BfV-Präsident Hans-Georg Maaßen im Januar erklärte.


## 8

Einer dieser deutschen Auswanderer war Yannick N. aus Freiburg. Schüchtern, ja fast verlegen saß der 23-Jährige im Oktober in der Lobby eines Hotels in der osttürkischen Stadt Sanliurfa. Vor ihm stand ein großer blauer Koffer. Er wartete auf seinen Kontaktmann, der ihn zum IS nach Syrien brachte. Gute Freunde hätten ihm ein Flugticket nach Istanbul zum Geburtstag geschenkt, erzählte Yannick. Mit dem Bus sei er dann die mehr als 1200 Kilometer nach Sanliurfa im Osten der Türkei gefahren, obwohl er für seinen Urlaub angeblich nur eine Woche Zeit hatte. Offenbar merkte er, wie unglaubwürdig die Geschichte war. Er fügte hinzu: »Ich habe hier auch Freunde, die ich besuche.« Er sei nur deswegen im Hotel abgestiegen, weil er bei ihnen nicht übernachten könnte. »Im Haus gibt es auch Frauen, da kann ein fremder Mann nicht bleiben«, sagte er. »Das ist Islam.« Es ist eine sehr konservative Interpretation des Islams, für die sich Yannick entschieden hatte. Nervös rutschte der junge Mann, der noch keinen Bart trug, auf seinem Sessel mit abgewetztem Polster hin und her. Bald würde er beim IS im Trainingslager sein. Dabei sah Yannick nicht aus wie einer, der an der Front kämpft. Er machte den Eindruck eines laschen Typen, unsportlich, mit unbeholfenen, schlaksigen Bewegungen. Hinzu kam seine geistige Behinderung – wie sich acht Monate später herausstellen sollte. Da kam nämlich die Twitter-Meldung der Terrororganisation, dass Abu Mohammed al-Almani alias Yannick den sogenannten Märtyrertod gestorben sei. Der Deutsche hatte sich mit einem Lastwagen, beladen mit 1,5 Tonnen Sprengstoff, westlich der irakischen Stadt Baidschi an einem Kontrollpunkt der Armee in die Luft gejagt. »Das führte zu Dutzenden von Toten und Verwundeten. Zwei Geländewagen und ein

Bulldozer verbrannten.« So bilanzierten die IS-Extremisten stolz den Erfolg ihres Helden. Dazu wurde ein Foto Yannicks veröffentlicht. Es zeigt ihn mit einer Art Baskenmütze mit IS-Emblem und einem Bart, wie ihn Islamisten nach dem Vorbild des Propheten für obligatorisch halten. Yannick zeigt ein breites, glückliches Lachen, den Zeigefinger hält er nach oben gerichtet. Das soll bedeuten: Es gibt nur einen Gott im Himmel. Der IS hatte den Mann aus Baden-Württemberg trotz seiner geistigen Behinderung genommen und ihn prompt als Selbstmordattentäter verheizt.

## 9

Zu Hause hatte Yannick in Einkaufspassagen und Hauseingängen geschlafen. Er war obdachlos und wusste nicht, wie er über die Runden kommen sollte. Bei der Polizei war er wegen Betäubungsmittelbesitzes und Körperverletzung bekannt. Sein Leben war ein Scherbenhaufen, bis er eines Tages von radikalen Islamisten angesprochen wird. Der Obdachlose wird mit einer Unterkunft, festen Mahlzeiten und echter Kameradschaft geködert. Mit seiner geistigen Entwicklungsstörung ist er den Methoden der Agitatoren hilflos ausgeliefert. Der 23-Jährige konvertiert zum Islam, und aus Yannick wird Abu Mohammed. Auch er hat sein zweites Leben bekommen. Aber das beruht in erste Linie nicht auf wechselnden Lebensumständen und dem neuen Wohnort im Ausland. Er transformiert scheinbar in einen neuen Menschen, mit neuer Identität und neuem Namen. Die ungeliebte, mit Problemen behaftete alte Person wird, wie eine alte Haut, abgestreift. Dass das allerdings nur ein perfides Täuschungsmanöver ist, kann Yannick nicht erkennen. Er ist dabei keine Ausnahme. So viele andere, die keine geistige Störung hatten, sind auch auf dieses verführerische Angebot einer zweiten Geburt hereingefallen. Hinter Yannicks Rekrutierung steckt eine neue Strategie der Islamisten in Deutschland. Man kennt sie, wie sie in den Fußgängerzonen von Berlin, Hamburg oder Düsseldorf Korane verteilen und für ihre radikalen Ansichten Werbung machen. Jetzt geben sie sich nicht mehr mit der Laufkundschaft der Innenstädte zufrieden. Sie suchen ihre Opfer unter Flüchtlingen, Obdachlosen und elternlosen Jugendlichen. Die Salafisten machen Jagd auf die Schwächsten der Gesellschaft, um sie auf die »Auswanderung« zum IS zu schicken. »Das ist ein neues Phänomen«, sagt Berna Kurnaz von der Beratungsstelle Kitab in Bremen. »Seit der Jahreswende werden Heimkinder, unbegleitete jugendliche Flüchtlinge und Menschen angesprochen, die auf der Straße leben.« Kitab ist ein Netzwerk, das Eltern, Lehrer und Sozialarbeiter berät, die mit radikalislamistischen Jugendlichen zu tun haben. »Vielleicht hat die Entwicklung auch mit der Gegenaufklärung zu tun, die wir und die anderen Beratungsstellen in Deutschland betreiben«, erklärt die Diplomsoziologin. Die Anwerber hätten es mit den gängigen Methoden lange nicht mehr so leicht wie früher. Heute verteilen Salafisten vermehrt den Koran und Flyer vor Auffanglagern, versuchen Kontakt mit Jugendlichen auf der Straße und in der Moschee zu bekommen. Die Islamisten wollen zeigen, wie sehr ihnen die Interessen der Muslime am Herzen liegen, beschweren sich in Flüchtlingseinrichtungen über mangelhaftes, unislamisches Essen. Die Anwerber richten sich an junge Menschen und laden sie zum Fußballspiel oder Grillen am Wochenende ein. »Die jungen Leute freuen sich über die Aufmerksamkeit, da sie nur einige wenige Bezugspersonen haben«, sagt Kurnaz von Kitab. Dann werde den Jugendlichen jedoch geraten, ihre Pflegefamilie oder das Heim zu verlassen. Denn dort könnten sie angeblich ihre Religion nicht frei ausüben. Bei Obdachlosen, wie Yannick aus Freiburg, sei es noch einfacher. »Sie sind durch alle gesellschaftlichen Raster gefallen«, meint Kurnaz. »Sie haben keine Bezugspersonen, die ihnen abraten könnten.«

## 10

Bei Yannick N., der mit Religion bis dahin nichts am Hut hatte, verlief die Mobilisierung rasend schnell. Mitte 2014 soll es erste Anzeichen gegeben haben, dass sich der 23-Jährige einer bisher noch unbekannten radikalislamistischen Gruppe zugewendet hatte. Im Oktober saß Yannick schon in der besagten Hotellobby in Sanliurfa in der Türkei und wartete auf seinen Schleuser. Diese kurze Phase war bisher untypisch. In der Regel dauert die Transformation mindestens sechs Monate, wenn nicht ein Jahr. Zudem fehlt ein wichtiges Element im Werdegang eines radikalen Islamisten. Bei Yannick war es einfach, ihn vom »Besseren« zu überzeugen. Vereinsamt auf der Straße ohne Zukunft oder aber Verpflegung, Unterkunft, Freunde und das ewige Paradies – da fällt die Wahl nicht schwer. Yannick musste nicht von der Gesellschaft entfremdet und aus einem sozialen Netz herausgerissen werden. Er war längst deviant, ein Abweichler. Normalerweise ist es ein komplexes, langwieriges Prozedere, das junge Leute durchlaufen, bis sie ihre Hidschra in Syrien oder im Irak antreten, um dort Köpfe im Namen Allahs abzuschneiden und Jesidinnen zu vergewaltigen.

## 11

Es ist eine feste Programmfolge, mit der die Kandidaten, sobald sie thematisch angefixt sind, indoktriniert werden. Basis ist die Überzeugung von der Einzigartigkeit des Islams. Als göttliche Offenbarung halte er die Lösung aller Probleme parat und sei das einzig wahre System, das Gerechtigkeit und Erfüllung auf Erden bringen könne. Als zweiter Schritt wird vermittelt: Muslime werden als Fremde gezielt marginalisiert, weil sie sich in ihrer Lebens- und Verhaltensweise von den meisten Menschen unterscheiden. Aber das mache nichts. Denn nicht Muslime sind es, »die außerhalb der Norm stehen, sondern jene, die Allah und Seinem Propheten und Gesandten nicht folgen«. Das ist die

Basis für die weitere Radikalisierung. Warum sollten sich Muslime von den Ungläubigen, die außerhalb der Norm stehen, alles gefallen lassen? Beweise für das Fehlverhalten des Westens und arabischer Helferstaaten lassen sich genug finden. Sie verbieten die von Gott gewollte Kleiderordnung der Frau, machen sich über den Propheten lustig und unterstützen Israel im Kampf gegen das palästinensische Volk. Dann sind da noch die US-Besatzung des Iraks, die Drohnenmorde an Zivilisten in Pakistan, schließlich die Kriege in Afghanistan, Syrien und im Jemen. Und mit dem Islam könnten all diese Ungerechtigkeiten ein Ende finden. Nach dem Kapitalismus und Kommunismus bleibe nur der Islam, um die Utopie einer paradiesischen Gesellschaft zu verwirklichen. Denn im Gegensatz zu allen anderen Ideologien basiert er nicht auf einer menschengemachten Ordnung, sondern auf der von Gott stammenden Scharia. Fehler sind ausgeschlossen, denn Gott könne sich nicht irren. Dieser Moment, in dem sich die universelle Wahrheit, der Schlüssel zur Welt, wie aus einem unübersehbaren Puzzle zauberhaft zu einem Ganzen zusammensetzt, wirkt als spirituelle Offenbarung. Für die meisten jungen Leute ist das ein Erweckungserlebnis, das die Grenzüberschreitung zum neuen Leben 2 markiert. Nun können sie sich als Fremde so richtig heimisch fühlen, ja stolz darauf sein. Man kleidet sich muslimisch, lässt kein Gebet mehr aus, regelmäßige Koranlektüre ist Pflicht, Fastentage werden eingeführt, das Interesse für Frauenbekanntschaften ist vorbei, Zigaretten und Alkohol sind sowieso tabu. Umgang hält man nur noch mit Gleichgesinnten. So kreieren sie ihre eigene Devianz als Fremder im Hause der Ungläubigen, deren Moral verlogen ist und der Unterdrückung dient. Es wird signalisiert: Ich bin Muslim und nicht nur einer dieser Pseudogläubigen. Nein, ich bin Salafist und möchte die Prinzipien der besten Gesellschaft restaurieren, die es je gab – nämlich jener zu Zeiten des Propheten vor 1300 Jahren und die der darauffolgenden vier rechtgeleiteten Kalifen! Klar ist, dass mit der kompletten Absonderung soziale Rückkopplungs- und Verstärkereffekte provoziert werden. Die Umgebung reagiert abweisend auf das so seltsam Fremdartige, das aggressiv darauf besteht, isoliert im gesellschaftlichen Abseits zu bleiben. Die betroffenen Muslime beschweren sich dann über Ausgrenzung und mangelnde Toleranz, stellen sich als Opfer dar. Letztendlich aber sind sie es, die nichts anderes als totale Fremdheit erreichen wollen. So kappt man alle Taue, die möglicherweise noch eine Verbindung zur Außenwelt darstellten. Die nächste und letzte Stufe beginnt mit der Einsicht: Das alles ist nicht genug! Man muss seinen einzig wahren Islam verbreiten und die Welt verändern! Man kann nicht still sitzen, wenn Brüder und Schwestern in Syrien und dem Irak von der Hand der Ungläubigen hingeschlachtet werden, wenn die Mudschaheddin im Kampf für den rechten Glauben reihenweise zu Märtyrern werden. Am Ende steht die Frage: Wo möchtest du deine Hidschra machen? Das ist der Höhepunkt im neuen zweiten Leben. Das große Versprechen vom Märtyrertum und dem Einzug ins Paradies ist die letzte mögliche Steigerung. Mehr fremd geht nicht mehr. Der Mudschaheddin bekämpft die Norm, ohne Rücksicht auf seine Existenz. Er ist Avantgarde und Elite. Entsprechend groß ist die Euphorie bei der Auswanderung.

## 12

Einer, der diesen Schritt gemacht hat, ist Abu Hamza al-Almani, der aus Frankfurt stammt und nach eigenen Angaben türkische Wurzeln hat. Er hat sich vor über zwei Jahren schon dem IS angeschlossen. »Es ist nichts los hier! Ziemlich langweilig, den ganzen Tag hier rumzustehen«, beschwerte sich der 23-Jährige am Telefon über seinen Dienst an einem Checkpoint. Im Hintergrund war das Knarren eines Funkgeräts zu hören. Er hätte lieber ein bisschen »Action«, wie er es formulierte. Das war im Sommer 2014, und damals ist er, mal abgesehen vom Frust über seine Schicht, noch voller Euphorie. Denn seine Mission beim IS bestand darin, die Welt zu retten. »Wir schaffen hier etwas Großartiges und erbauen eine gerechte Gesellschaft auf Basis der Scharia.« Die Fotos auf seiner Facebook-Seite, die mittlerweile längst geschlossen wurde, ließen erahnen, wie er das erreichen wollte: Abu Hamza mit Pistole, Abu Hamza mit Kalaschnikow oder gemeinsam mit seinen Kumpel in Kampfpose vor einem Pick-up mit Flugabwehrgeschütz. Er war mehr als stolz auf seine Auswanderung. Am Telefon erzählte er damals und wiederholte es Monate später immer wieder, warum er in Deutschland nicht mehr hätte leben können. »Es ist ein verkommener Ort ohne Moral und Werte, eine aidsverseuchte Gesellschaft, in der jeder mit jedem Sex hat. Das ist widerlich«, sagte Abu Hamza. Er wisse genau, wovon er spreche. »Ich habe früher auch getrunken und Mädchen gehabt.« Aber dann sei er erleuchtet worden und habe mit all dem Schlechten aufgehört. Seit Abu Hamza zurückgefunden hat zu Allah, glaube er wieder an Himmel und Hölle, an Engel, das Jüngste Gericht und an eine bessere Welt. Abu Hamzas dumpfe Zivilisationskritik westlicher Gesellschaften ist typisch für die dschihadistische Szene. Man sei moralisch so angeekelt, dass man es dort nicht mehr aushalten kann. »Keine zehn Pferde würden mich nach Deutschland zurückbringen«, sagte Abu Muwahid, ein deutsch-kurdischer Kampfgenosse von Abu Hamza. So unglaublich schrecklich sei es dort. Es ist das uneigentliche Leben, das Leben im falschen, in der totalen Entfremdung, das Abu Muwahid und Abu Hamza monieren. Und dann folgen Schlagworte und Klischees: Muslime könnten ihren Glauben nicht ausleben, würden unterdrückt, beleidigt und benachteiligt. »Überhaupt findet weltweit ein Krieg gegen Muslime statt«, schrieb Abu Hamza über den Nachrichtendienst WhatsApp. Er schickte ein Foto von einer Frau dazu, die von Kopf bis Fuß schwarz verschleiert ist. »Das ist Freiheit«, kommentierte der deutsche IS-Kämpfer. Bei so viel selbst indizierter Entfremdung und Leidensdruck im uneigentlichen Leben bleibt nur noch ein Ausweg: Das gute, saubere Leben 2, das *political correct* nur als das eines islamistischen Revolutionärs sein kann. Für Abu Hamza sei seine Radikalisierung in Deutschland eine logische Konsequenz gewesen. »Denn als Ausländer ist man eh ein Mensch zweiter Klasse, und dann noch Muslim, dann ist alles aus.« Er gibt sich den Freifahrtschein und macht sich als Täter zum Opfer.

# 13

2011 stellte das renommierte amerikanische Gallup-Institut bei einer Umfrage unter Muslimen fest, dass sich ein großer Teil davon nicht respektiert fühlt. In Deutschland waren es immerhin 34 Prozent der Befragten, die sich nicht angemessen behandelt fühlten. Bisher gibt es wenige empirische Untersuchungen über die Ursachen der Radikalisierung junger Muslime. In Frankreich und Belgien kam man ebenfalls zum Ergebnis, muslimische Jugendliche fühlten sich nicht akzeptiert. Bei diesen Studien hatten inhaftierte Islamisten angegeben, vor allem während der Pubertät schlechte Erfahrungen gemacht zu haben. Die Jugendlichen fühlten sich, wie Abu Hamza, unterdrückt und rassistischen Vorwürfen ausgesetzt. Die Pubertät ist die Zeit, in der Jugendliche nach Orientierung und Gegenmodellen zur übermächtig erscheinenden Gesellschaft suchen. Die Geschichte der Jugendkulturen zeigt, Tabubrüche sind ein wesentlicher Bestandteil. Und die sind mit mehr oder weniger Gewalt verbunden. Erinnern wir uns: Die Studentenrevolte der 1960er-Jahre war Ausdruck eines Zeitgeistes, der weltweit eine Welle des Linksterrorismus provozierte und zudem »antiimperialistische Befreiungsbewegungen« in Lateinamerika und Afrika entstehen ließ. Rückblickend kann man sagen, die Methoden haben sich entscheidend geändert, aber damals war es eine Bewegung, die weit größere Dimensionen hatte als der Islamterrorismus heute. Ein Bindeglied zwischen Alt und Neu versucht Bernhard Falk zu sein. Er ist ein ehemaliges Mitglied der linksextremen Antiimperialistischen Zellen (AIZ) und wurde 1999 wegen vierfachen Mordversuchs zu 13 Jahren Haft verurteilt. Heute nennt er sich Muntasir bi-llah und ist als radikaler Islamist Anhänger von al-Qaida. Der 48-Jährige versucht, Allah und Scharia mit dem »Kampf gegen Imperialismus und Kapitalismus« kompatibel zu machen. Vokabular und Grundzüge sozialistischer Gesellschaftskritik sind bei islamistischen Extremisten sonst nicht üblich. Da herrscht nur das Wort Gottes.

**14**

Von soziologischen oder wie auch immer gearteten Erklärungsversu-
chen seiner Radikalität will Abu Hamza am besten kein Wort hören.
Denn er will nur von Allahs Gnade abhängig sein, die ihn erleuchtet
habe. Er betont mehrfach: Nein, nein, persönliche Probleme habe es
bei ihm keine gegeben, wie das bei anderen Extremisten nach ihrem
Tod festgestellt wurde. Viele stammten aus sozial schwachen Familien,
hatten Drogenprobleme und Kontakte ins kriminelle Milieu. »Meine
Eltern waren gut zu mir, und ich habe alles bekommen, was ich wollte.«
In Frankfurt machte Abu Hamza eine Lehre zum Koch. »Ich hatte Arbeit, eine Wohnung, und alles war gut.« Tatsächlich müssen es nicht
Menschen mit sozialer Deprivation sein. Die IS-Klientel rekrutiert sich
aus allen sozialen Schichten. Darunter sind auch Ärzte, Anwälte und
Ingenieure. Abu Hamza erzählt dann seine Geschichte, die der von
so vielen anderen ähnelt, die ihren Werdegang mit dem erleuchteten
Blick eines wirren Sektenmitglieds kundtun. Der Frankfurter Koch habe
plötzlich eine Unzufriedenheit, eine innere Leere gespürt. »Das Leben
in Deutschland erschien mir wie tot, man spricht nicht miteinander im
Bus, alles ist so anonym und nur auf Konsum ausgerichtet. Es gibt keine
wirkliche Menschlichkeit.« Das klingt nach der üblichen Pubertätsde-
pression, und in diesem Stil fragte sich Abu Hamza: Da müsse es doch
noch etwas anderes geben, einen Sinn, eine Ordnung. Denn so könne
es nicht weitergehen. Das alles könne doch nicht das Leben sein. Wie
so viele Millionen anderer Jugendlicher vor ihm stellte Abu Hamza die
Sinnfrage. In diesem Moment habe er sich auf den Islam zurückbeson-
nen, der ihm mit seiner Geburt in die Wiege gelegt worden war, den er
jedoch nie beachtet hatte. Als er sich dann endgültig entschieden hatte,
fühlte er sich wie ein vollkommen neuer Mensch. Da habe er am eigenen Leib die unsägliche Ablehnung gespürt, unter der Muslime in
Deutschland leiden. »Aber ich war stolz, ein aufrechter Muslim geworden zu sein«, erinnert sich der 23-Jährige. Und heute ist er beim IS,
der grausamsten Terrorgruppe der Welt. In der Fremde, in seinem Ein-

wanderungsland Syrien, fühlt er sich »so glücklich wie nie zuvor«. »Syrien ist super. Die Menschen, das Essen, und überhaupt.« Er fährt einen Toyota Land Cruiser, was richtig Spaß mache, den er aber verkaufen wolle. »Alles ist besser als in Deutschland«, behauptet er. Irgendwann fand er »eine gute muslimische Frau« aus Marokko, die kein Vergleich zu diesen unmoralischen deutschen Frauen sei. Die wüssten sich nämlich nicht anständig zu benehmen und wollten andauernd andere Männer haben. Mittlerweile hat er ein Kind. »Familie ist das Beste, was es gibt«, schrieb er in einer seiner vielen Nachrichten.


## 15

Seit gut einem Monat hat sich der Tonfall geändert. Die Euphorie der Anfangszeit ist verloren und ein Katzenjammer ist nicht überhörbar. Denn die Zeit der IS-Erfolge ist vorbei. »Du kannst dir gar nicht vorstellen, wie die bombardiert haben«, hieß es nach dem Verlust der irakischen Jesidenstadt Sindschar im November. Abu Hamza musste sich mit seinen Kameraden in Tunneln verkriechen. Der Ort wurde ohne großen Widerstand aufgegeben. Wenig später fiel die Stadt Ramadi. Und in Syrien nehmen die Gegner des IS immer weitere Gebiete ein. Es wird eng für die Terrorgruppe und für Abu Hamza. Entweder wird er in seinem Auswanderungsparadies sterben oder er findet einen neuen Ort für seine Hidschra. Wobei die Lust auf den Heiligen Krieg lange nicht mehr so groß scheint. Nach Deutschland wird er nicht zurückwollen. Da wartet der Knast. Und sonst, wo könnte er noch hin mit seiner Familie? Da bleibt nicht viel, außer er bringt seine Kalaschnikow mit.

*Naika Foroutan*
# Wie lange bleibt man ein Fremder?
Über das Dilemma der Annäherung

Ich erinnere mich, als ich das erste Mal den Fremden von Camus las, nicht verstanden zu haben, warum der Titel des Romans *Der Fremde* lautet. Ich war 15 Jahre alt und las den Roman damals, weil es noch immer angesagt war, Existenzialisten zu lesen. Ich konzentrierte mich vor allem auf die Geschichte als Verlaufskonstrukt: Ein Franzose begeht unabsichtlich eine Straftat und wird am Ende dafür hingerichtet, dass er am Grab seiner Mutter nicht geweint hat. Ich habe es als große Ungerechtigkeit gelesen. Die Fremden waren dabei für mich die Anderen. Beim zweiten Lesen – ein Jahrzehnt später – war es umgekehrt: Wer, wenn nicht *Er*, war der Fremde? Der absolute Fremde! Ich verachtete ihn. Sein Desinteresse, seine Teilnahmslosigkeit – wie konnte es ihm so egal sein, dass seine Mutter gestorben war? Wie konnte alles an ihm vorbeirauschen, ohne sein Mitleid zu wecken, seine Zuneigung oder seine Position? Er verdiente es, der Fremde zu sein – er war fern von allen und sich selbst dabei nicht nah.

Das als Vorspann, um zu verdeutlichen, dass die Frage von Fremdsein gesellschaftlich präsent war, lange bevor man anfing, Fremdsein vor allem mit Migration, Ankunft und (Fremd-)Bleiben in Verbindung zu bringen. Die Frage, ob Fremdsein etwas mit der Verlagerung von Lebensorten und dem Verlust oder Zugewinn von Heimat zu tun hat oder mit Fragen an sich selbst, die andere für einen beantworten, ist heutzutage zu einem Kernfaktor der Debatten über Fremdheit avanciert. Bei der ganzen Verbindung von Fremdheit und Migration ist in den Hintergrund gerückt, dass sich das Verständnis von Fremdheit und die Zuschreibung von Fremdem immer wieder neu justieren. Im persönlichen Bezugssystem hängt es von Personen ab, von Sprachen, Gewohnheiten, Aussehen, gemeinsamen Interessen oder Desinteressen. Im sozialen Zusammenhang hängt es hingegen vielmehr von Interaktion und Information ab und vom Kontext zeitgeschichtlicher Debatten, die das Fremde verhandeln. Ich frage mich: Würde ich heute Camus' Fremden zum dritten Mal lesen, würde ich es dann als eine Geschichte über Migration lesen? Womöglich gar als eine über »die muslimische Welt«? Hat er nicht einen Araber getötet in Algier am Strand?

### Zur Figur des Fremden

Der Fremde wurde zu Beginn des 20. Jahrhunderts bis in die 1940er-Jahre literarisch und wissenschaftlich vor allem als ein Außenseiter beschrieben, der auf eine etablierte Gruppe trifft und versucht, sich an diese bestehende Gruppe heranzutasten, von ihr angenommen zu werden – heute würden wir sagen, in sie integriert zu werden –, und dabei entweder eingegliedert oder abgewiesen wird.[1] Der Sozialpsychologe George Herbert Mead bezog hierbei bereits die Interaktion zwischen dem Fremden und dem Eigenen ein, was heute auch die Grundlage der soziologischen Beschreibung von Begegnung und dynamischer Wechselwirkung darstellt.[2] Auch die Vorstellung von Integration als beiderseitigem Prozess setzt sich zunehmend gegen die jahrzehntelang etablierte Vorstellung von Integration als Bringschuld der Migranten durch. »Integration ist keine Einbahnstraße« ist zu einem etablierten Ausspruch geworden. Für Deutschland spielt das Thema der Integration nicht erst seit der Flüchtlingsdebatte eine große Rolle. Vielmehr ist die Forderung nach Integration spätestens seit 1979 – seit dem sogenannten Kühn-Memorandum – eng mit Migration und mit dem Aufruf der Eingliederung und Anpassung an die bestehende deutsche Kerngesellschaft verbunden. Gleichzeitig schafft der Begriff durch diese

Kopplung eine immerwährende Fremdheit. Migrant zu sein wird gesellschaftlich changierend von der Wahrnehmung begleitet, ein besonders gelungenes Beispiel für Integration zu sein, oder aber, dass eine Integration aufgrund spezifischer Gruppenzugehörigkeit letztlich aussichtslos sei, da immerzu eine lauernde Loyalität zu einem anderen, inkompatiblen System mitschwingt – ob von Russlanddeutschen zu Putin oder von Muslimen zum Koran –, am Ende ist das Fremde in einem angelegt, weil man Migrant ist, war oder von einem abstammt. An dieser stabilen Grundsicherheit hat sich einiges geändert, seitdem sich Deutschland als Einwanderungsland beschreibt: Die Jahresgutachten des Sachverständigenrats für Migration und Integration, die empirischen Erhebungen der *Transatlantic Trends*, die Studien der Kollegen vom Institut für interdisziplinäre Konflikt- und Gewaltforschung aus Bielefeld – sie alle beschreiben überraschend positive Zusprüche zu der bestehenden und sich fortsetzenden Vielfalt in Deutschland. Auch bewerten Zuwanderer und Mehrheitsgesellschaft nach wie vor das Integrationsklima als deutlich besser, als die mediale Debatte erwarten lässt.[3]

Was als Vielfaltsoptimismus und generalisierte Einsicht in die Unumkehrbarkeit der Heterogenität Deutschlands gelesen werden kann, trifft indes nur für eine bestimmte Sicht auf Vielfalt zu: Vielfalt wird vor allem dann geschätzt und nicht als fremd wahrgenommen, wenn sie als Mehrwert – vor allem im Sinne eines ökonomischen Mehrwertes – verstanden wird. Auch wenn Vielfalt mit einem gewissen folkloristischen, als harmlos oder exotisch wahrgenommenen Anderssein assoziiert wird, ist sie willkommen oder stört zumindest nicht. Dies liegt daran, dass Deutschland trotz aller bestehenden faktischen Heterogenität von weiten Teilen immer noch als eine homogene Kerngesellschaft imaginiert wird, für die es gilt, ökonomischen Nutzen zu bringen, und die sich durch exotisierte oder folklorisierte Andere doch nur in ihrem eigenen homogenen Wesenskern bestätigt fühlt.[4] Die Beziehung zwischen dem Eigenen und dem, was als fremd wahrgenommen wird, sagt also auch etwas darüber aus, was als vertraut gilt. Daher bilden die beiden Einheiten – das Fremde und das Vertraute beziehungsweise das Andere und das Eigene – ein »komplementäres Bedingungsverhältnis« oder zwei Seiten derselben Medaille, die nur in Opposition zueinander Sinn ergeben.[5]

Dort, wo Vielfalt – so wie im Diversity-Begriff enthalten – auch Differenzen verdeutlicht, treten innerhalb der deutschen Gesellschaft Abwehrreflexe zutage, die eine deutlich eingeschränktere Sicht auf Vielfalt aufzeigen. Denn Differenz enthält ein Anderes in sich, und das kann durchaus als ein Fremdes wahrgenommen werden. Zunächst muss das nicht problematisch sein: Menschen sind bemüht darum, die Welt zu ordnen und zu strukturieren, Dinge, Personen und Personengruppen zu benennen, sie zu kategorisieren und voneinander zu separieren, um die Komplexität sozialer Wirklichkeit zu reduzieren und greifbar zu machen. Dies geschieht auch in Einordnungsschemata des zum Eigenen gehörenden und des sich außerhalb befindenden Fremden, um ein schnelles Einschätzen zu erlauben und reaktive Mechanismen in Gang zu setzen. Diese Einteilung beschreibt der Sozialpsychologe Eviatar Zerubavel als »islands of meaning«.[6] In diesen findet eine Systematisierung nach Gemeinsamkeiten und Trennendem statt, welche er als »lumping« und »splitting« bezeichnet. Das Gehirn schafft somit unterschiedliche Inseln der Zugehörigkeit, die sinngemäß zusammengedacht, jedoch untereinander als getrennt voneinander wahrgenommen werden. Es sind mentale Konstrukte, die Gemeinsamkeiten und Gegensätze aufbauen, die ein immerwährendes schnelles Abgleichen und Vergleichen erlauben und somit rasch eine eigene Positionierung einleiten sowie eine erste Umgangssicherheit herstellen. Diese Bedeutungsinseln haben den Effekt, dass sie in einem ersten Reflex alle innerhalb der eigenen Kategorie zugeordneten Subjekte als essenziell gleich betrachten und Unterschiede innerhalb dieser zugeschriebenen Gruppe der Gleichen weitestgehend ignorieren.[7] Verbunden wird das mit der Vorstellung, dass die Herkunft aus der gleichen Gruppe dazu führe, gleiche Erfahrungen, Werte, Normen und Handlungsmuster zu teilen sowie auf einen gleichen historischen, kulturellen und normativen Erfahrungsraum zugreifen zu können, der einem ein Grundverständnis, Nähe und somit Sicherheit suggeriert. Zerubavel beschreibt diesen Prozess wie folgt:

»An island of meaning is a cluster of things (acts, events, objects, traits) that are regarded as more similar to one another than to anything outside the cluster. As we lump those things together in our minds, we allow their perceived similarity to outweigh any differences among them. As a result, we come to envision relatively homogeneous ›mental fields‹.«[8]

Auf diese Weise lässt sich erklären, wie zum Beispiel auf Basis einer nationalen Zugehörigkeit eine homogene und einheitliche Gruppe der »Herkunftsdeutschen« konstruiert werden kann, auch wenn zwischen den Einzelnen nach Region, Schichtzugehörigkeit oder politischer Positionierung beliebig große Unterschiede bestehen können. Gleichzeitig verdeutlicht dieser Prozess die Homogenisierung der Anderen – ebenfalls als Einheit wahrgenommenen Gruppen – wie zum Beispiel die »der Muslime«. Sowohl das Eigene als auch das Fremde können somit auf Cluster-Konstruktionen beruhen und unsere Vorstellung von Wirklichkeit leiten. Was beziehungsweise wer in der Gesellschaft als fremd und nicht zugehörig wahrgenommen wird, unterliegt wiederum gesellschaftlichen Kontexten und Konjunkturen. Wurde »der Franzose« über Jahrhunderte hinweg als gegenteilig »zum Deutschen« imaginiert, sind beide nun im »island of meaning« als Europäer weitgehend gleich, stellt man sie »den Muslimen« gegenüber.

Das eigene Selbstverständnis, Gewohnheiten, eingespielte Strukturen, Sichtweisen und Interpretationsmuster werden durch das Fremde herausgefordert, was eine Reaktion, ein Umdenken, ein Verteidigen oder ein Abwehren provoziert und aus dem Fremden – in Gegenposition zum Eigenen – den Anderen schaffen kann. Hier führt die Reaktion dazu, Gewohnheiten und Heimatgefühle zu (re)konstruieren, die eigene Gruppe zu stabilisieren sowie die gruppeninterne Solidarität zu bestärken.[9] So erweist es sich als aussichtslos, die Angst vor der Islamisierung Deutschlands empirisch zu entkräften, indem man darauf verweist, dass Muslime nur fünf Prozent der Gesellschaft ausmachen – in Sachsen liegt der Anteil bei 0,1 Prozent –, da sich die Funktion der Islamisierungsdebatte vornehmlich in der Stärkung der eigenen Gruppenidentität begründet.

Nun hat sich über die vergangenen Jahre in den Debatten um Vielfalt in Deutschland normativ weitestgehend durchgesetzt, dass im offenen Umgang und in der Wertschätzung von Vielfalt ein Mehrwert für die Gesellschaft, die nun mal stark von Heterogenität und Migration geprägt ist, gesehen wird. Allerdings erleben wir, dass diese Norm, Vielfalt als Ressource zu begreifen, die mit dem narrativen Wandel Deutschlands in ein Einwanderungsland einherging, derzeit im Zuge der hysterisierten Debatten um die globale Flüchtlingsfrage erodiert. So stimmten im Januar 2016 in einer repräsentativen Befragung 42 Prozent der Befragten der Aussage zu:»Flüchtlinge führen zu einer Bedrohung unserer kulturellen Werte.«[10] Dies bei einer Realzuwanderung von Flüchtlingen in Höhe von einer Million im Jahr 2015, was etwas mehr als ein Prozent der Bevölkerung ausmacht. Dass eine Mehrheit von 99 Prozent ihre Kultur durch ein Prozent Flüchtlinge bedroht sieht, hängt auch mit der Debatte um Vielfalt zusammen, die zuvor schon verdeutlichte, dass Deutschland keineswegs eine homogene Nation ist, wenn jeder fünfte Mensch in diesem Land einen Migrationshintergrund aufweist.

Offenbar gibt es ein vorgelagertes Hadern mit der Vielfalt, woran nun das Gefühl angeschlossen wird,»jetzt reicht es aber mal!«. Jene, denen es»Angst macht, dass viele Flüchtlinge zu uns kommen«, sagen außerdem zu 78 Prozent, sie befürchten, dass»der Einfluss des Islam in Deutschland zu stark wird«.[11] Dies, wie angemerkt, bei einem Bevölkerungsanteil von fünf Prozent Muslimen. Die EASY-Registrierung des Bundesamtes für Migration und Flüchtlinge verweist auf circa 700 000 muslimische Flüchtlinge im letzten Jahr. Wenn wir diese zu den anwesenden 4,2 Millionen Muslimen addieren, dann erhöht sich der Anteil der Muslime an der Gesamtbevölkerung von fünf auf sechs Prozent. Es kann nicht die Zahl sein, die das Erschrecken verursacht.

Irritierend kann es werden, wenn eine Klassifizierung zunehmend schwieriger wird. Den Fremden als Anderen und somit Gegenpol zum Eigenen in das Cluster des Unbekannten einzuordnen, bedient ein Ordnungsprinzip, dessen schematische Konstruktion Vereinfachung und somit Beruhigung verschaffen kann, selbst wenn diese Beruhigung in Wut, Populismus und Rassismus mündet. Im Zuge der Debatten um das neue Deutschland, das sich spätestens seit der Reform des Staatsangehörigkeitsrechts 2001 nicht mehr ausschließlich über Abstammung und Vorfahren definiert, sondern zunehmend über Staatsangehörigkeit und Haltung, und in dem immer mehr Kinder von Migranten beanspruchen, als Deutsche wahrgenommen zu werden, wird die nationale Kategorisierung durchlässiger und erzeugt Irritationen. Die Gruppe der Menschen mit Migrationshintergrund, die einen deutschen Pass besitzen, macht inzwischen auch knapp zehn Millionen aus. Ihr Phänotyp, ihr Name, möglicherweise ihr Akzent lassen zunächst darauf schließen, dass sie mutmaßlich einer Fremdgruppe zugehören. Gleichzeitig wächst das kognitive Bewusstsein, dass Deutschland zunehmend vielfältig geworden ist, sich das deutsche Staatsangehörigkeitsrecht gewandelt hat und man daher auch deutsch sein kann, ohne in zwölfter Generation hier geboren sein zu müssen. 35 Prozent der Gesellschaft sind bereits familiär mit Menschen mit Migrationshintergrund verbunden. Das führt auch dazu, dass die Ingroup der Deutschen sich über die ethnische Selbstzugehörigkeit hinaus ausweitet, was ambivalente und nicht mehr leicht qualifizierbare Lebensrealitäten erzeugt und tradierte Unterscheidungskriterien infrage stellt. Dies wiederum kann Spannungen erzeugen.

Der unklassifizierbare Fremde, der Hybride, verunsichert also die etablierte Ordnung noch mehr als der klassifizierbare Fremde, denn er erlaubt die Schärfung des Eigenen nicht, wenn er gleichzeitig Teil des Eigenen ist. Der Soziologe Zygmunt Bauman beschreibt die Bedrohung, die diese nicht klassifizierbaren Fremden für den Vergesellschaftungsprozess darstellen, als »erschreckender als die, die man vom Feinde fürchten muss«.[12] Bauman schlussfolgert:

»Einige Fremde sind freilich nicht die bis-jetzt-Unentschiedenen; sie sind im Prinzip Unentscheidbare. Sie sind die Vorahnung jenes ›dritten Elementes‹, das nicht sein sollte. Sie sind die wahren Hybriden, die Monster – nicht einfach unklassifiziert, sondern unklassifizierbar. Sie stellen nicht einfach diese eine Opposition hier und jetzt in Frage: Sie stellen Oppositionen überhaupt infrage, das Prinzip der Opposition selbst, die Plausibilität der Dichotomie, die es suggeriert, und die Möglichkeit der Trennung, die es fordert. Sie demaskieren die brüchige Künstlichkeit der Trennung. Sie zerstören die Welt. Sie verwandeln das zeitweilige Unbehagen des ›nicht mehr Weiterwissens‹ in eine endgültige Paralyse. Sie müssen tabuisiert, entwaffnet, unterdrückt, physisch oder geistig exiliert werden – oder die Welt könnte zugrunde gehen.«[13]

Die deutsche Gesellschaft ist also nicht nur vielfältiger, sondern auch hybrider geworden. Klare Unterscheidungen in Fremde und Eigene werden hinfällig, wenn ein Drittel der hier geborenen Kinder einen Migrationshintergrund haben und dennoch Deutsche sind. In Großstädten wie zum Beispiel Frankfurt am Main liegt der Anteil dieser Kinder bereits bei 68 Prozent. Je mehr die Hybridität in den Innenraum vordringt, desto holzstichartiger wird die Konstruktion des absolut Fremden im Islam angelegt – als das, was nun wirklich das Andere ist, gleich, wie viele Kinder dieser Religion hier geboren werden.


## Normative Paradoxien

Was wir konkret in der deutschen Debatte beobachten können, ist, dass es auf der einen Seite die Selbstwahrnehmung gibt, tolerant zu sein und Vielfalt zu schätzen. Dass es eine überbordende Willkommenskultur, eine Aufnahme von einer Million Flüchtlingen und eine Steigerung des Ehrenamtes um etwa 70 Prozent gibt, bekräftigt diese Selbsteinschätzung.[14] Es besteht eine kognitive Akzeptanz, dass Deutschland sich in ein Einwanderungsland gewandelt und dies eine vielfältige

Bevölkerung zur Folge hat, der auch Rechte zustehen. Bei einer repräsentativen Bevölkerungsumfrage stimmten knapp 70 Prozent der Bevölkerung der Aussage zu, dass es das gute Recht von Muslimen sei, wenn sie Forderungen stellen, und ebenso viele fanden, Muslimen sollte mehr Anerkennung entgegengebracht werden.[15] Diese abstrakte Anerkennung wird jedoch im Konkreten immer wieder eingeschränkt, speziell wenn es um religiöse Rechte von Muslimen geht. Auch wenn religiöse Grundrechte durch Artikel 4 im Grundgesetz festgeschrieben sind, empfinden es 40 Prozent der Bevölkerung als illegitim, wenn sich Muslime ein Gotteshaus bauen wollen, 50 Prozent lehnen es ab, dass muslimische Frauen in der Schule ein Kopftuch tragen dürfen, und 60 Prozent sind dagegen, dass Muslime ihre Kinder beschneiden lassen dürfen.[16] Hier zeigt sich, dass die kognitive Akzeptanz mit einer weiterhin bestehenden emotionalen Distanz einhergeht – dass sie vor allem im Abstrakten trägt und weniger im Konkreten. Dies erzeugt eine zunehmende normative Paradoxie, die der Selbsteinschätzung als offene und tolerante Gesellschaft, die Vielfalt wertschätzt, zuwiderläuft. »Vielfalt ja – aber ohne Muslime« scheint hier das zugrunde liegende Credo zu sein. Das Fremde soll den Innenraum nicht betreten. Die über 1000 Straftaten gegen Flüchtlingsunterkünfte, die das Bundeskriminalamt im Jahr 2015 registrierte, bekräftigen die Ambivalenz, die dieses Land derzeit prägt. Normative Paradoxien entstehen, wenn legitime Anerkennungsforderungen im Prozess ihrer Umsetzung gegenläufige Effekte produzieren. Laut Grundgesetz ist es legitim, dass Muslime als größte religiöse Minderheit in diesem Land die gleichen Rechte anstreben wie andere religiöse Minderheiten. Dies zu verwehren widerspricht dem Geist des Grundgesetzes. Ein großer Teil der Bevölkerung hat also Einstellungen, die sich gegen verfassungsrechtlich verbriefte Rechte für religiöse Minderheiten richten. Begründet wird allerdings das Absprechen gleicher Rechte gegenüber Muslimen mit deren Unfähigkeit zur Demokratie und nicht mit dem eigenen Mangel an Verfassungskenntnis oder Akzeptanz der pluralistischen Demokratie. Im Gegenteil: Es wird die Forderung nach einer Integrationspflicht und der Verteilung des Grundgesetzes auf Arabisch gestellt – dabei könnte man das Grundgesetz getrost auch auf Deutsch noch einmal austeilen.

Wir können beobachten, dass mit der zunehmenden Integration von Muslimen in die deutsche Gesellschaft und mit der zunehmenden Sichtbarkeit im öffentlichen Raum, in beruflichen Positionen sowie in Kunst und Kultur die Abwehr gegenüber dieser Gruppe ansteigt. Der Soziologe Ferdinand Sutterlüty bezeichnet das als »paradoxale Folgen ethnischer Gleichheit«.[17] Die Gruppe der Türkeistämmigen beispielsweise, aus der sich drei Viertel der Muslime in Deutschland rekrutieren, wies in der ersten Generation nur knapp acht Prozent Personen mit einer höheren Bildung auf. Nun sind es laut Mikrozensusdaten bereits über 30 Prozent der Türkeistämmigen, die in Deutschland Abitur und Fachabitur machen. Die Quote der Personen ohne berufsqualifizierenden Abschluss liegt bei Personen mit türkischem Migrationshintergrund, die in Deutschland geboren sind, derzeit bei circa zwölf Prozent – genauso wie bei der Gesamtbevölkerung der Personen ohne Migrationshintergrund.[18] Wenn aber der Historiker Hans-Ulrich Wehler im *Spiegel* sagt: »Im Gegensatz zu vielen Spaniern, Griechen oder Italienern, die als Gastarbeiter kamen und ihre Kinder bald auf weiterführende Schulen schickten, sind die Türken erstaunlich resistent geblieben gegen jede Form von Aufstiegsdenken oder Weiterbildungsangeboten«, dann glaubt ihm das jeder unbenommen.[19] Empirie und Emotion decken sich eben nicht – das müsste für Demokratien, die sich als aufgeklärt, modern und pluralistisch beschreiben, ein kritischer Hinweis zu mehr Reflexion und Aufstockung politischer Bildung sein. Da hilft es nichts, auf den Fremden zu verweisen und zu sagen, der sei noch weniger demokratisch.

Antimuslimische Einstellungen werden in der Bevölkerung seit Jahren auf einem hohen Niveau geteilt, ohne dass es hierfür der Flüchtlingsdebatte bedurft hätte. Und sie gehen nicht nur mit einem emotionalen oder narrativen Ausschluss einher, sondern auch mit der geteilten Bereitschaft, demokratisch legitime Partizipationsrechte zu verweigern. Im Jahr 2012, als noch keine Rede von Flüchtlingen war, stimmten bereits knapp 60 Prozent der Bevölkerung der Aussage zu: »Muslime und ihre Religion sind so verschieden von uns, dass es blau- äugig wäre, einen gleichen Zugang zu allen gesellschaftlichen Positio- nen zu fordern.«[20] Begründet wird die Abwehr dieser Gruppe vor allem mit der Entfernung der Muslime zu zentralen Werten der deutschen Gesellschaft. Dazu gehören die Kernvorwürfe, Muslime seien frauen- feindlich, antisemitisch und homophob. Diese Vorwürfe können im Vergleich bestimmt empirisch bestätigt werden: Menschen aus musli- mischen Ländern sind wahrscheinlich homophober, antisemitischer und frauenfeindlicher eingestellt als die deutsche Allgemeinbevölkerung. Gleichzeitig weisen Studien zum Beispiel des Kriminologen Christian Pfeiffer nach, dass diese Einstellungsmuster über die Zeit abnehmen. In Langzeitstudien konnte er nachweisen, dass die Akzeptanz der »Machokultur«, wie er sie wiederholt im Wege repräsentativer Jugend- befragungen gemessen hat, über die Zeit so abnahm, dass sie sich den Vergleichsquoten der Herkunftsdeutschen annäherte. So stimmten tür- keistämmige Jugendliche im Jahr 2000 noch zu 40 Prozent gewaltlegi- timierenden machistischen Items zu, 2013 waren es nur noch zehn Prozent. Parallel dazu ging ihre Gewaltrate deutlich zurück und nä- herte sich auch hier zunehmend den Vergleichsquoten der Herkunfts- deutschen – in Hannover beispielsweise von 32,8 Prozent auf 12,9 Pro- zent. Allerdings haben im gleichen Zeitraum die antimuslimischen Einstellungen der deutschen Bevölkerung nicht abgenommen. Viel- mehr befinden sie sich auf einem Allzeithoch. Begründet wird auch dies beharrlich mit der Nichtintegrierbarkeit der ausgeschlossenen und abgewerteten Gruppe der Fremden und nicht mit dem mangelnden Demokratieverständnis vonseiten der Mehrheitsgesellschaft, das es of- fenbart.

## Hybridität und Islam

Es stellt sich daher die Frage, ob die nachweisbare Abwehr speziell von Muslimen in Deutschland vor allem etwas mit dem Fremdsein der Muslime selbst zu tun hat oder eher mit der schwierigen Akzeptanz der Konsequenzen von Vielfalt auch für die Gleichheit. Dies wirft wiederum die Frage auf: Wissen die Deutschen, was in ihrer Verfassung steht? Und weiter: Hat die Abwehr etwas mit der Eindeutigkeit des Islam als dem genuin Anderen zur westlichen Selbstimagination zu tun – was eine relativ gängige Interpretation von Islamfeindlichkeit darstellt und sich in den sozialpsychologischen und kulturwissenschaftlichen Kanon des Outgrouping und des Othering einfügt – oder hat es womöglich etwas mit der Hybridität des Islam zu tun? Je mehr der Islam einsickert in die Alltagswelten dieses Landes, je mehr wir über den Islam wissen, desto öfter geben die Menschen an, wenig über ihn zu wissen. Mehr als 200 Studien über Islam und Muslime wurden in den letzten zehn Jahren erstellt. Tagtäglich gibt es Berichte in den Medien – auch wohlwollende. Die Schulen sind sensibilisierter, seitdem Schulbuchanalysen des Georg-Eckert-Instituts nachgewiesen haben, wie rudimentär und hinterwäldlerisch die Abbildung des Islam in deutschen Schulbüchern ist. Gleichzeitig geben 70 Prozent der Bevölkerung an, wenig bis nichts über Muslime zu wissen.[21] Wird der Islam hybrider und sickert in uns ein, übertritt er die Grenzen und wird zunehmend unklassifizierbar – löst er deswegen so massive Aggressionen in einer demokratischen, sich als offen beschreibenden Gesellschaft wie Deutschland aus? Ist es wirklich der bedrohliche, unzivilisierte Islam, der diese Reaktionen erzeugt, oder der Islam, der zu Deutschland gehört, der einsickert, hybrid wird, Grenzen auflöst und das Eigene dekonstruiert?

Ist es das religiöse Kapital, das Muslimen zugeschrieben wird und ihnen Ressourcenvorteile gegenüber einer sich als areligiös imaginierenden Gesellschaft verschafft, die auf Sinnsuche ist?

Ist es das Beharren auf einer fernen Heimat, das Muslime zu Fremden macht, oder sind es die situativen Zugehörigkeiten zwischen Einheimigkeit, Mehrheimigkeit, Keinheimigkeit und Neuheimigkeit, die diese hybriden Identitäten mit Deutschland gleichermaßen verbunden machen, was misstrauisch macht?[22]

Ist es das Codeswitching, das den muslimischen Jugendlichen je nach Ort, Zeit, Diskurs und Akteur veränderte Körpersprachen, Habitus, emotionale und soziale Identität ermöglicht und Irritationen und Abwehr erzeugt, weil sich Selbstbezüge in dieser vermeintlich homogenen Gruppe der Muslime dadurch stetig verändern können? Je nach Kenntnis von Alltagscodes, Sprache, Religion, Geschichte und Zeitlichkeit können diese hybriden Subjekte zwischen unterschiedlichen Codes hin und her jonglieren, was Code-Varianzen und Code-Repertoires eröffnet, die untereinander neu kombiniert werden können. Viele Jugendliche in Deutschland beherrschen dies – gleich ob sie Migranten sind oder nicht –, sie inhalieren die Wirklichkeit der Einwanderungsgesellschaft. Löst das Irritationen aus, dass sie mal Fremde sein können, mal Kinder Deutschlands? Und ist dieses Verweigern, Fremde zu sein, der Grund für die groteske Simplifizierung des Islam als Gegenbild zum Eigenen – denn dadurch kann man ihn heraushalten, obwohl er schon längst Teil der identitären Verfasstheit des Landes ist, und sei es nur aufgrund der Debatten, die es tagtäglich darüber gibt?

Die Frage nach Hybridität als normalisierendem Element in heterogenen Gesellschaften ist zwar theoretisch im Raum – denn sie geziemt sich in globalen Zeiten. Emotional erscheint jedoch weiterhin die Sehnsucht nach Eindeutigkeit treibend, denn sie wird als Ausweg aus der Verwirrung gedeutet. Deutschland ist – bedingt durch globale Wirtschaftsstrukturen und demografischen Wandel – auf Migration angewiesen. Im öffentlichen Raum erscheint diese aber gleichzeitig als Bedrohung der identitären Gewissheit.

## Ausblick

Die binäre Codierung einer aufgeklärten, klar strukturierten, offenen und berechenbaren »westlichen Welt« versus »den Islam« als Teil einer vollkommen ungeordneten Welt ohne Demokratieerfahrung, mit anarchischen Strukturen bei gleichzeitigen diktatorischen Regimezuständen und strengen reglementierten Verhaltensriten erscheint reduktionistisch, wenn der Islam immer mehr auch zum Bestandteil der »westlichen Welt« wird. Gleichzeitig beginnt das Selbstbild Europas nicht nur im Zuge der Flüchtlingsdebatten, sondern auch im Zuge des Umgangs mit seinen Minderheiten zu erodieren.

Europa erscheint als ungeordneter, unsortierter, uneiniger Kontinent. Die europäische Identität und die damit einhergehende Moralität wirken durch eine Reihe von Krisen, wie der Finanz- und Eurokrise, der Griechenland- und der Ukrainekrise sowie der aktuellen Flüchtlings- und Entsolidarisierungskrise, erschüttert. Der Ruf nach Grenzen quer durch Europa geht einher mit der Aufhebung der Durchlässigkeit, die in Deutschland in den letzten zehn Jahren spürbar war. Den Herausforderungen, die der Islam durch das Angebot einer hybriden Mischung aus Postmodernität und Tradition, aus Religiösem und Säkularem, aus Moralität und Sexualität, aus Zukunft und Vergangenheit in die Gesellschaft hineinträgt, werden einfältige Eindeutigkeitsparolen entgegengestellt.

Wir verlassen eine lange Phase des Umgangs mit, des Herantastens an und der Normalisierung von Differenz und schauen in die Fratze eines vereinheitlichenden Rechtspopulismus in Europa: 30 Prozent Rückendeckung für den Front National in Frankreich, 27 Prozent für die UKIP bei den Europawahlen in Großbritannien, 27 Prozent aktuelle Zustimmungswerte für die Schwedendemokraten, 28 Prozent Wahlgewinn der SVP in der Schweiz, in Ungarn 65 Prozent für Fidesz und Jobbik, wobei Letztere rechtsextrem ist, und in Polen über 50 Prozent für eine rechtspopulistische Partei, die ihre Wahl auf dem Rücken von »Fremden« gewinnen konnte, die nicht einmal im Land waren –

das Ganze bei circa fünf Prozent Muslimen in Europa. Wie lange bleibt man ein Fremder? Die nächsten Jahre – lange. Camus' Fremder hat einen Araber getötet am Strand in Algier. Dafür musste er sterben. Würden wir das Buch heute lesen, würden wir es als eine Vorwegnahme des Konflikts zwischen Muslimen und Nichtmuslimen sehen? Alles ist Interpretation. Und Überinterpretation.

## Anmerkungen

1 Vgl. Georg Simmel:»Die Großstädte und das Geistesleben.« In: Thomas Petermann (Hrsg.): *Die Großstadt. Vorträge und Aufsätze zur Städteausstellung. Band 9.* Dresden 1903, S. 185–206; vgl. Robert Ezra Park:»Human Migration and the Marginal Man.« In: *American Journal of Sociology* 33, 1928, S. 881–893.

2 George Herbert Mead: *Mind, Self, and Society.* Chicago 1934.

3 Vgl. Sachverständigenrat deutscher Stiftungen für Integration und Migration: *Deutschlands Wandel zum modernen Einwanderungsland. Jahresgutachten 2014 mit Integrationsbarometer.* Berlin 2014.

4 Vgl. Iman Attia: *Die »westliche Kultur« und ihr Anderes.* Bielefeld 2009.

5 Julia Reuter: *Ordnungen des Anderen. Zum Problem des Eigenen in der Soziologie des Fremden.* Bielefeld 2002, S. 57.

6 Eviatar Zerubavel:»Lumping and Splitting: Notes on Social Çlassification.« In: *Sociological Forum* Vol. 11, 1996, Number 3, S. 422.

7 Vgl. Richard Williams:»Challenges to the homogenization of ›African American‹«. In: *Sociological Forum* Vol. 10, 1995, Number 4, S. 535–546.

8 Zerubavel 1996, S. 422.

9 Vgl. Reuter 2002, S. 47.

10 ZDF-Politbarometer vom 15.01.2016. Online verfügbar unter: https://presseportal.zdf.de/pressemitteilung/mitteilung/zdf-politbarometer-januar-i-2016/887/seite/3/ (letzter Zugriff: 31.01.2016).

11 Ebd.

12 Zygmunt Bauman: *Moderne und Ambivalenz.* Hamburg 2005, S. 95.

13 Ebd., S. 100–101.

14 Vgl. Serhat Karakayali, J. Olaf Kleist: *EFA-Studie. Strukturen und Motive der ehrenamtlichen Flüchtlingsarbeit in Deutschland. 1. Forschungsbericht. Ergebnisse einer explorativen Umfrage vom November/Dezember 2014.* Berlin 2015: Berliner Institut für empirische Integrations- und Migrationsforschung (BIM), Humboldt-Universität zu Berlin.

15 Naika Foroutan et al.: *Deutschland postmigrantisch I. Gesellschaft, Religion, Identität. Erste Ergebnisse.* Berlin 2014, S. 30–34.

16 Ebd., S. 35.

17 Ferdinand Sutterlüty: »Paradoxale Folgen ethnischer Gleichheit«. In: *WestEnd. Neue Zeitschrift für Sozialforschung* 8(1), 2011, S. 103–116.

18 Vgl. Naika Foroutan, Coskun Canan: »Vom Mythos der Stagnation – Fakten zur Bildungsbeteiligung von Personen mit türkischem Migrationshintergrund in Deutschland«. In: Andreas Hein, Ulrike Kluge (Hrsg.): *Einwanderung – Bedrohung oder Zukunft? Mythen und Fakten zur Integration.* Frankfurt am Main 2012, S. 173–195.

19 *Spiegel*-Gespräch mit Hans-Ulrich Wehler am 09.02.2013, online verfügbar unter: http://www.spiegel.de/spiegel/print/d-90931283.html (letzter Zugriff: 31.01.2016).

20 Oliver Decker, Johannes Kiess, Elmar Brähler: *Die Mitte im Umbruch. Rechtsextreme Einstellungen in Deutschland 2012.* Bonn 2012, S. 92.

21 Foroutan et al. 2014, S. 44–45.

22 Vgl. Naika Foroutan: »Hybride Identitäten – Normalisierung, Konfliktfaktor und Ressource in postmigrantischen Gesellschaften«. In: Heinz-Ulrich Brinkmann; Haci-Halil Uslucan (Hrsg.): *Dabeisein und Dazugehören. Integration in Deutschland.* Wiesbaden 2013, S. 85–99.

*Bilal Tanweer*
# Schwänzer

Die bunten Troddeln über dem Kopf des Busfahrers tanzten hin und her, die Blumenmuster auf den Fensterscheiben verwandelten sich in Spiralen und Wirbel, in Pfauenfedern und Frauenaugen, dazu die knalligen Farben der Decke – Orange, Blau, Rot, Türkis … Meine letzte Busfahrt war vier Jahre her, und die Erinnerung daran kehrte auf einmal mit voller Wucht zurück.

Seit dem vier Jahre zurückliegenden Tod meines Vaters hatte ich nicht mehr in einem Bus gesessen, aber jetzt stand mir alles wieder vor Augen: der Lärm und das Geratter, die Blicke der Männer, die besorgten Gesichter. Angst und Panik, die mich gerade noch geplagt hatten – weil ich die Schule schwänzte, weil ich befürchtete, beim Überklettern der Mauer gesehen worden zu sein, weil ich keine Ahnung hatte, welcher Bus zum Meer fuhr –, wichen einem sonderbaren Gefühl, und ich sah mich im Bus um wie ein erblindender Mann, der in der Dämmerung etwas zu erkennen versucht. Im nächsten Augenblick wurde mir ein Knuff verpasst. »Was ist denn? Geh weiter!« Ich stand Sadeq, der hinter mir in den Bus steigen wollte, im Weg. Ich suchte mir auf der rechten Seite einen Fensterplatz. Er setzte sich neben mich.

»Hat dich auch wirklich niemand gesehen, als du über die Mauer geklettert bist?«, fragte ich.

Sadeq, der seine Ärmel akkurat aufkrempelte, hielt mitten in der Bewegung inne und packte mein Gesicht mit beiden Händen. »Alles in Butter! Niemand hat uns gesehen! Kapiert? Niemand!« Er ließ mein Gesicht los und fuhr fort, seine Ärmel hochzukrempeln. Wir schwiegen, und ich spürte, dass ich heiße Ohren bekam.

Der letzte Junge, den man bei dem Versuch erwischt hatte, den Unterricht zu schwänzen, wurde auf dem Schulhof mit dem Stock gezüchtigt und musste danach den ganzen Tag in der prallen Sonne knien. Nachdem er aufgrund der Dehydrierung ohnmächtig geworden war, bestellte man seine Eltern ein und demütigte sie bei einer Eltern-Lehrer-Konferenz. Im Anschluss wurde der Junge für einen Monat von der Schule verwiesen. Ich war krank vor Sorge. Meine Mutter und ich wohnten bei meiner Schwester und ihrem Ehemann, einem Stoffhändler. Ihm gehörte das Haus, und er zahlte meine Schulgebühren. Er war ein wohltätiger Mensch, der es für seine Pflicht hielt, Verwandten unter die Arme zu greifen. Er war überzeugt, dass es ihn in einem schlechten Licht erscheinen ließe, wenn er dies nicht täte, und er äußerte sich oft abschätzig über wohlhabende Leute, die es versäumten, Angehörigen oder entfernten Verwandten zu helfen. Er hatte meine Mutter und mich nach dem Tod meines Vaters in sein Haus aufgenommen. Er hatte allerdings auch sehr unangenehme Seiten, und wenn er in Wut geriet, konnte er seine Frau unflätig beschimpfen. An diesem Morgen hatte ich mitbekommen, wie er im ehelichen Schlafzimmer gebrüllt hatte:»Ich schneide dir die Kehle durch, wenn du noch einmal ohne mein Wissen Geld aus dem Schrank nimmst, kapiert? Dann setze ich dich auf die Straße! Das Geld gehört dir nicht. Es sind Ersparnisse. ERSPARNISSE! Schlampe!« Kurz darauf verließ meine Schwester das Schlafzimmer und lief in den Lagerraum, um sich auszuweinen. Meine Mutter war am frühen Morgen zu ihrer Schicht im Krankenhaus aufgebrochen, und ich wollte gerade zur Schule.

Nun schwänzte ich den Unterricht, für den er bezahlte, und mich erfüllte eine fast unerträgliche Angst vor dem, was mir bevorstand, wenn er mir auf die Schliche kam. Er würde mich vermutlich von der Schule nehmen und dazu verdonnern, in einem seiner Läden Stoffe aufzurollen, und meine Mutter und meine Schwester müssten den Zorn ausbaden, der ihn wegen meiner Undankbarkeit erfüllte.

Sadeq war sauer, weil ich so blöde Fragen stellte, und da seine anderen Kumpel keine Angsthasen waren, verstand er mich auch nicht. Ja, Sadeq war cool, und ich wollte unbedingt wie er sein. Kurz bevor wir in den Bus gestiegen waren, hatte ich von ihm wissen wollen, ob er sich vor einem Schulverweis fürchte. Er hatte wie aus der Pistole geschossen geantwortet:»Keine Ahnung, warum du dir so bescheuerte Gedanken machst. Man wird uns nicht erwischen. Und sollte uns doch jemand gesehen haben – was soll's? Dann könntest du jetzt auch nichts mehr daran ändern.« Er tätschelte meine Wange und sagte: »Positiv denken, Kleiner.« Um ganz offen zu sein, hatte ich keine Ahnung, warum ich die Schule schwänzte. Vielleicht war diese Aktion eine natürliche Folge der Veränderungen, die ich während der letzten Zeit an mir beobachtet hatte. Ich war niemals schüchtern oder scheu gewesen, hatte mich vor kurzem aber in ein echtes Großmaul verwandelt. Ich hatte gelernt, den Egos anderer Jungen einen Dämpfer zu verpassen, ihre Väter und Mütter und Schwestern niederzumachen, die Wände mit ihrem Blut zu tünchen. Und wie ich merkte, waren meine Klassenkameraden ein Publikum, das stets bereit war, meine Opfer zu verhöhnen und zu verspotten. Kaum jemand hielt meinem Blitzkrieg aus Beschimpfungen, Beleidigungen und Zoten über die jeweiligen Mütter und Schwestern und beschissenen Wichser von Vätern stand, den ich in Sekundenschnelle zusammenfabulieren und lostreten konnte.

Ich benutzte Urdu für meine improvisierten Schmähungen, die meist ziemlich fies waren und irgendwo im Bereich des Anus ihren Abschluss fanden (es war eine reine Jungenschule). In dieser Kunst hatte ich es zu einer solchen Meisterschaft gebracht, dass ich sogar die arglosesten, einfältigsten Jungen in eine Raserei der Verzweiflung treiben konnte. Ich ließ erst von ihnen ab, nachdem ich sie total erniedrigt – also vernichtet – hatte, was ich stets daran erkannte, dass mein Opfer handgreiflich wurde (ungeschickte Schläge in das Gesicht oder in den Bauch; aber ich kam ihnen immer zuvor und packte sie beim Nacken; dann erstarrten fast alle; wenn nicht, rang ich sie nieder – wenn Jungen zu einem aufschauen müssen, kapieren sie sofort, wo ihr Platz in der Hackordnung ist; wenn jemand wahllos nach mir schlug oder trat, bekam er eins in die Magengrube, dann war Ruhe im Karton). Meist ergossen sie aber nur einen Schwall verzweifelter Flüche, über den alle anderen lachten. Manchmal bekam ich auch etwas ab: einen Schlag gegen das Ohr, das zu bluten begann; dann noch einen Schlag, wieder gegen das rechte Ohr, das daraufhin die ganze Nacht pfiff. Der Typ, der mich geschlagen hatte, war ein Linkshänder. Mistkerl. Das Arschloch zerkratzte mir sogar das Gesicht. Ich glaube, er wollte eines meiner Augen erwischen, aber Sadeq packte ihn mit beiden Armen und riss ihn gerade noch rechtzeitig weg. Wenn ich Hilfe brauchte, war Sadeq fast immer zur Stelle. Mit jemandem wie ihm hätte ich unter anderen Umständen keine Freundschaft geschlossen: Er hing mit älteren Schülern ab, die Zigaretten rauchten und den Unterricht schwänzten – doch er war der einzige Lichtblick in dem Dunkel, das sich nach Babas Tod in mir ausgebreitet hatte. In seiner Gegenwart fühlte ich mich besser. Nicht, dass ich glücklich gewesen wäre, wenn er in der Nähe war, aber ich fühlte mich sicherer. Er klopfte mir auf den Rücken und sagte Sätze wie:»Keine Sorge, das wird schon wieder, denk einfach nicht daran.« Er erkundigte sich niemals danach, was mich belastete. Er wollte es gar nicht wissen. So tickte er nun mal – er hatte keinen Bock auf persönliche Gespräche. Er interessierte sich für Leute, die andere in den Arsch treten konnten. Und weil ich das konnte, wenn auch nur verbal, waren wir befreundet. Wenn wir allein miteinander waren, wollte er Witze hören. Darin bestand die Grundlage unserer Freundschaft – ich erzählte ihm Witze, je schmutziger desto besser, das war die Grundregel. Wir hatten vor über einem Monat begonnen, den Unterricht zu schwänzen, und als er das Schwänzen zu einem Verlassen des Schulgeländes ausweitete, machte ich mit, weil ich mich vor ihm beweisen wollte – und da waren wir nun.

Ich sah mich im Bus um. Mein Blick blieb an zwei Jungen hängen, die Müllsäcke voller Plastikflaschen dabei hatten. Sie verpesteten den ganzen Bus mit ihrem Gestank. Mein Vater hätte die beiden in ein Gespräch verwickelt, sich nach ihrem Alter und ihrem Wohnort erkundigt, um in ihrer Sprache mit ihnen reden zu können. Er hätte sie zum Lächeln gebracht und gefragt, warum sie nicht in die Schule gingen, hätte ihnen geraten, die Abendschule für arbeitstätige Kinder zu besuchen, die einer seiner Freunde leitete …

Bei dem Gedanken an meinen Vater empfand ich weder Nostalgie noch Sehnsucht, sondern etwas viel Direkteres – ich hatte das Gefühl, zufällig einem Menschen über den Weg gelaufen zu sein, an den ich trotz der Bedeutung, die er für mich hatte, nur noch selten dachte, und der sich jetzt mit seinem ganzen Gewicht gegen die Tür warf, die ich ihm vor der Nase zugeschlagen hatte.

Meine Brust verkrampfte sich, das Blut schoss mir in die Finger – ich fühlte mich schwach und hin und her gerissen. Ich legte den Kopf auf meine Schultasche und stellte mir meinen Vater vor. Er schien sehr weit entrückt zu sein, kam mir vor wie eine Romanfigur, und ich war sein fiktiver Begleiter, ein Protagonist, der aus der Geschichte ausbrach, um seinen eigenen Traum zu träumen.

————

Während wir durch den Empress Market laufen, halte ich mich an einem von Babas Fingern fest. Meine Hand ist feucht, und ich habe Angst, ihn zu verlieren. Ich bin sein kleinformatiges Ebenbild, denn wir tragen die gleiche Kleidung, einen Kurta-Shalwar, und wir schlängeln uns durch die Menschenmenge. Ich falle immer wieder zurück – sein Finger bietet keinen festen Halt: Vielleicht bricht er ab, ohne dass mein Vater etwas merkt, und dann würde ich ihn aus den Augen verlieren. Er geht, als wäre er sich seines Körpers nicht bewusst; seine Arme gleichen leblosen, an dem Balken seiner Schultern hängenden Klumpen. Nachdem wir eine Weile gelaufen sind, nehme ich ihn kaum noch wahr, sehe nur seine verschwitzte, weiße Kurta, die als einziges von seiner Anwesenheit zeugt.

Wir erreichen einen ruhigeren Abschnitt des Marktes. Mein Vater wird von einem Singsang angelockt: »Ge-dichte, Geschi-chte, Phii-loosophie, Raat-geber, Moo-de, Büüüücher, aller Art, Büüüücher, Büüüücher!« Der Himmel ist angenehm bewölkt, aber es ist schwül, und wir schwitzen. Plötzlich bleibt Baba stehen. Der Finger, an dem ich mich festhalte, erstarrt – sein Blick ist auf ein fernes Ziel gerichtet, die Unterlippe bebt. Das verrät, dass er wütend ist. Ich ahne, wen er im Visier hat, doch bevor ich ihn ablenken kann, sagt er: »Da, sieh dir den dreckigen Bastard an.« Er zeigt auf einen Mann, der in einer Ecke hockt und gegen die Mauer pinkelt.

Er vergöttert diese Stadt und macht von seinem Recht, jeden zu verabscheuen, der sie nicht so heiß und innig liebt wie er, vollen Gebrauch. Ich beobachte ihn, während er in seinem Zorn schwelgt, der einer seiner Marotten entspringt – seinem Groll gegen die Islamisierung des Landes während der Herrschaft von General Zia, die unter anderem zur Folge hatte, dass man öffentliche Toiletten schloss oder entfernte, weil es sich um eine angeblich unislamische Art des Pinkelns handelt.»Und nun gibt es Mistkerle wie diesen Typen, die die ganze Stadt vollpissen ...« Er verstummt kurz, starrt den Mann an.»Und da wird behauptet, der Islam mache uns zu besseren Menschen.« Ich zerre an seinem Finger, um seine Gedanken wieder auf den Singsang zu lenken:»Ge-dichte, Geschi-chte, Phii-loosophie ...«

Wir gehen zu dem Handkarren, auf dem Bücher zum Verkauf ausliegen. Mein Vater schüttelt mich ab und umschließt die Hand des Buchhändlers. Dann schaut er sich die Bücher an, die für ihn bereitliegen. Ich warte gelangweilt, während er mit dem Händler fachsimpelt und sich nach bestellten Büchern erkundigt. Bücher sind mir egal. Ich beobachte immer noch den Blödmann, der sich gerade einen Stein unter den Salwar schiebt, um die Urinspritzer auf seinen Oberschenkeln und an anderen Stellen zu trocknen. Mich erfüllt eine Abscheu, wie sie mein Vater soeben mühsam gezügelt hat – die Ursache für meine Wut durchschaue ich allerdings nicht.

Endlich ist mein Vater fertig. Er reicht mir eine weiße Plastiktüte mit einigen Büchern, und wir begeben uns wieder in das Menschengewimmel.»Wohin jetzt, Baba?«, frage ich.

Er lächelt.»Jetzt zeige ich dir, wie man lernt, diese Stadt zu lieben, mein Sohn.«

Ich bleibe immer wieder stehen und strecke eine Hand aus, um zu verhindern, dass ich angerempelt werde oder ein Knie abbekomme.

Sadeq tippte mir auf die Schulter:»*Oye*, Lust auf eine Kokosnuss?« Ich nickte, dann sah ich aus dem Fenster. Ein Verkäufer, der seine zerhackten und mit Blumen dekorierten Kokosnüsse mit Wasser benetzte, stand zwischen zwei Autos vor einer Ampel.

»Wie viel?«, fragte ich und begann, in der Hosentasche nach meinem Geld zu kramen.

»Kohle ist überflüssig«, sagte Sadeq und trat an das gegenüberliegende Fenster. Ich begriff nicht, was er vorhatte, sah zu, wie er die Haltung eines auf Beute lauernden Jaguars einnahm – die Hände auf dem Fenstergriff, den Blick auf den Kokosnussverkäufer gerichtet, der in der Hoffnung auf Kundschaft zu unserem Bus lief. Sadeq wartete geduldig, und als der Verkäufer unter dem Fenster vorbeirannte, ließ er eine Hand hinausschießen und schnappte sich eines der Stückchen, die auf dem Tablett lagen. Danach sprang er über den Gang auf seinen Platz.

Er sah mich strahlend an und reckte das Kokosnussstück mit Daumen und Zeigefinger. »Ja!« Er hob zum Abklatschen die andere Hand. Dann zerbrach er das Stück und gab mir eine Hälfte. Kurz darauf hatte ich den Geschmack des mürben, süßlichen Fruchtfleisches im Mund.

»Kostet doch nur zwei Rupien«, sagte ich in dem Bemühen, nebensächlich zu klingen. »Wozu das Risiko?«

»*Abay* – hier geht es nicht um zwei oder meinetwegen fünf Rupien«, erwiderte Sadeq, der aus Freude über seinen Erfolg immer noch rote Wangen hatte. »Sondern um Übung.«

»Übung?« Ich war verwirrt.

»Klar. Wenn du hier was werden willst, musst du verhindern, dass man dich abzockt. Also musst du andere Leute abzocken, sobald sich eine Gelegenheit dazu bietet. Kapiert? Und dazu braucht man Übung. Je früher man das lernt, desto besser«, sagte er begeistert und schob sich den letzten Happen Kokosnuss in den Mund.

Der Bus fuhr weiter. Ich konnte sehen, wie der Verkäufer die Kokosnussstückchen auf seinem Tablett ordnete und danach zählte. Ich verspürte einen Stich, denn er schien das Stück zu vermissen.

In diesem Moment wurde mir bewusst, dass Sadeq mit einem Mann sprach, dessen sonderbar geformtes Gesicht vor ihm hin und her schwankte. »Mein Knie, weißt du, hier kann ich nicht sitzen«, sagte der

Mann. »Können wir die Plätze tauschen, hm? Du kannst meinen Platz haben, diesen, direkt hinter dir.«

Sadeq zog ein mürrisches Gesicht, entsprach jedoch der Bitte. Neben mir erschien ein kleiner und gebeugter Mann in einem knitterigen, rot karierten Hemd. Sein Kopf, der an eine überdimensionierte Glühbirne erinnerte, war fast kahl, sein Mund winzig und zahnlos bis auf ein paar letzte Stummel im unteren Bereich, die er beim Lächeln zeigte, und er lächelte ununterbrochen. Sein Hemd stand oben offen und enthüllte die faltige Brust.

Er beobachtete mich, während ich die Kokosnuss verputzte. Ich nickte ihm zu und schaute danach aus dem Fenster. Er tippte mir auf die Schulter und zeigte auf die roten Karos meiner Schultasche. »Deine Tasche passt zu meinem Hemd – he-he!«, sagte er amüsiert.

Ich lächelte, dann sah ich wieder weg.

Er schwieg kurz. Schließlich rutschte er näher an mich heran und flüsterte mir ins Ohr: »He-he-he! Habe ich früher auch gemacht ... bin aus der Schule abgehauen. Ja, ich bin sogar aus dem College abgehauen und habe später die Arbeit sausen lassen. Und jetzt, als Rentner, haue ich von zu Hause ab!«

Ich wusste nicht recht, wie ich darauf reagieren sollte. Er fuhr fort: »Derzeit bin ich oft tagelang nicht zu Hause, weil es mir in der Stadt so gut gefällt – die vielen Menschen, der Krach, weißt du?«

»Hmm ...« Ich nickte.

»Weißt du, was ich hier tue?«, fragte er nach einer Pause mit fast triumphierender Stimme. »Rate mal.«

Ich sah ihn vollkommen verwirrt an. »Ich habe keine Ahnung.«

»He-he ... Ich halte Ausschau nach anderen, die weggerannt sind, und schreibe ihre Geschichten auf. Ich bin *Schriftsteller*.« Dies sagte er nachdrücklich und strahlte dabei über das ganze Gesicht. Seine Euphorie verstörte mich. Er schien mein Unbehagen zu spüren, denn er fügte hinzu: »Ist natürlich alles nur erfunden.«

»Hmm ...«, erwiderte ich.

»Gib mir die Hand«, sagte er. »Du bist jetzt mein Freund. Hier.« Er hielt mir eine Hand hin. Ich starrte sie an, dann ergriff ich sie zögernd. Er packte sofort zu, und als er den Unterkiefer nach vorn schob, konnte ich die Ruinen seiner Zähne erkennen. Sein Händedruck war erstaunlich fest. »Spürst du die Kraft in meiner Hand?«, fragte er mit leuchtenden Augen. »Weißt du, wie alt ich bin?«

Meine Hand tat weh. Ich drehte mich zu Sadeq um, doch er war auf seinem Platz eingenickt. »Nein«, sagte ich und als ich ihm die Hand entziehen wollte, fiel mir auf, dass er richtige Pranken hatte.

»Rate mal.«

»Dreiundachtzig!«, stieß ich hervor, weil sein Schraubstockgriff so höllisch wehtat.

»Genau! Dreiundachtzig! Gestern bin ich dreiundachtzig Jahre alt geworden! Siehst du? Ich habe doch gesagt, dass Leute, die abhauen, Freunde sind!« Er ließ meine Hand los. Sie tat so weh, als hätte er sie zu Brei zerquetscht, aber ich ignorierte den Schmerz. »Und jetzt werde ich deine Geschichte schreiben«, sagte er. »Wohin fährst du?«

»An das Meer«, antwortete ich zögernd.

»Ha-ha! Das ist immer das Ziel, wenn man zum ersten Mal abhaut! Aber von dort kehrt jeder zurück. Man fühlt sich am Meer ein paar Tage wohl, aber dann erstickt es einen, weißt du? Man flieht an das Meer, um sich selbst zu entkommen, aber dann wird man von sich selbst wieder eingeholt. In der Stadt ist das anders. Dort gibt es zu viele Straßen und Gassen. Dort läuft man sich selbst kein einziges Mal über den Weg.« Er rutschte wieder näher an mich heran und flüsterte: »Ich verbringe meine Tage in einem Café in der Cantt Station. Dort gibt es köstlichen und günstigen Obstkuchen. Richtig starken Chai. Omelette zu einem günstigen Preis. Du solltest auch mal hingehen, wenn du vom Meer die Nase voll hast. Alles klar? Halte Ausschau nach mir. Ich bin oft dort. *Schriftsteller*.«

»Ach, ja, und lass dir von den Leuten nichts einreden«, fügte er hinzu, immer noch lächelnd, als glaubte er, ich würde mich vor irgendetwas fürchten und müsste beschwichtigt werden. »Sie werden dir alles Mögliche auftischen, Philosophien – he-he – wie ich es gerade tue –

he-he! Aber das ist alles Schwachsinn. Philosophie ist kompletter Schwachsinn – sogar meine eigene, he-he-he ... alles Krempel, dem du auf den Leim gehen sollst. Du darfst auf niemanden hören. Du musst weiter wegrennen ...«

Er redete noch eine Weile, doch ich hörte nicht mehr zu. Ich fand ihn irgendwie verstörend. Vielleicht lag es an der Art, wie er über diese Stadt sprach. Er stieg mit uns an der Cantt Station aus und zeigte mir das Café, von dem er erzählt hatte. Er spielte auch Sadeq den Streich mit dem Händedruck; Sadeq erriet sein Alter nicht.

Während wir auf den Bus zum Meer warteten, sahen wir dem steinalten Mann nach. Er humpelte gebeugt über den Bürgersteig. Auf dem Weg zum Café winkte er ein paar Leuten – dem Schuster, dem Paan-Verkäufer, dem kleinen Jungen, der Tee servierte, und alle unterbrachen ihre Arbeit, um ein paar Worte mit ihm zu wechseln, wobei er sich an ihren Schultern festhielt. Als er einem kleinen Jungen die Hand gab, machte dieser einen Satz. Ich hatte noch sein »He-he-he!« im Ohr.

»Totaler Spinner! Der Schwachkopf hat im Alter komplett den Verstand verloren, was?«, sagte Sadeq grinsend. Ich fand seine Bemerkung unpassend, schwieg aber dazu.

Wir stiegen in den Bus. Hier konnte ich wieder die Gegenwart meines Vaters spüren. Er schien auch gelauscht zu haben, als der alte Mann von der Stadt erzählt hatte.

»Was hat der Schwachkopf so gefaselt?«, wollte Sadeq wissen, nachdem wir uns gesetzt hatten.

»Ach, nichts. Er wollte nur beweisen, wie bekloppt er ist. Hat mir von seinen Abenteuern mit Nutten erzählt.«

»Was? Nutten? Im Ernst?«, entfuhr es Sadeq.

»Ja. Er hat auch von einem Bordell berichtet, nicht weit von hier, direkt hinter einem Café. Hat behauptet, er wolle dorthin und könne einen günstigen Preis für uns aushandeln, wenn wir Lust hätten. Er sei Zuhälter, hat er gesagt.«

»Was, echt? Warum hast du *mir* davon nichts erzählt? Der alte Sack! Nichts wie hin! Wir müssen allerdings vorsichtig sein. So locken sie

Jungen in die Falle und verarschen sie dann. Ja, er sah tatsächlich aus wie ein mieser Hund. Das war mir schon klar, als er mir die Hand gab. *Bhen ka.* Sie tut immer noch weh.«

»Wir sollten ihn trotzdem mal aufsuchen. Er hält sich offenbar oft in dem Café auf.«

»Ha-ha, ja, sicher. Ich hatte null Ahnung, dass du dich mit so was auskennst.«

»Ich kenne mich damit nicht aus. Aber wir sollten endlich mal Erfahrungen sammeln, meinst du nicht auch?«

»Ha-ha, o ja. Warum nicht? Wir könnten das zusammen mit ein paar Kumpels tun. Ich kenne ein paar zuverlässige Leute. Nutten sind ziemlich undurchsichtige Gestalten. Da muss man höllisch aufpassen. Sie haben Beziehungen zu Polizisten und Ministern. Schneiden dir den Schwanz ab, wenn du ihnen dumm kommst. Ja, da muss man vorsichtig sein. Das wurde mir von Freunden erzählt.«

Wir schwiegen eine Weile. »Ich musste gerade an den Witz denken, den du mir neulich erzählt hast«, sagte er dann mit einem Lächeln. »Der mit dem Löwen. Wie ging er noch? Erzähl ihn noch mal. Der war echt lustig. Ich will ihn behalten, um ihn meinen Freunden erzählen zu können.«

»Ach, nicht jetzt«, sagte ich.

»Nicht jetzt? Was soll das heißen?«

»Vielleicht, dass mir nicht danach ist?«

»*Abay* – spinnst du? Wieso nicht?«

Ich schaute ihm in die Augen; ich wusste, dass er sauer wäre, wenn ich mich weigerte, aber ich hatte wirklich keine Lust, den Witz zu erzählen. Ich hatte Gewissensbisse. Der alte Mann war nett zu mir gewesen – deshalb hätte ich nicht diesen Mist über ihn erzählen dürfen.

Zuerst wollte ich mich weiter weigern, aber dann überlegte ich mir die Sache anders und ratterte den Witz herunter. Er ging ungefähr wie folgt:

*Es war einmal ein Fuchs, der ging zu einer Höhle und beschimpfte den Löwen, der darin schlief. »Scheiß auf dich, alter Sack! Komm raus und*

*schnapp mich, wenn du noch einen Funken Stolz in deinem Kadaver hast!*
*Wer hat dich zum König der Tiere ernannt, du Fotze? He, Dreckskerl, komm*
*raus!« Der Löwe öffnete ein Auge und sah den Fuchs an, dann drehte er*
*sich um und schlief weiter. Der Fuchs fuhr fort, den Löwen zu beschimpfen,*
*und stellte am Ende sogar dessen Männlichkeit in Frage. Die Löwin, die*
*all dies mit anhörte, war außer sich:»Du willst ein echter Löwe sein? Los,*
*schnapp dir diesen Bastard. Oder muss ich das übernehmen?« Als der Löwe*
*auch auf ihre Worte nicht reagierte, setzte die Löwin brüllend zur Jagd*
*auf den Fuchs an. Dieser wich ihr aus und schlüpfte durch einen Spalt in*
*einen hohlen Baum. In diesem Spalt blieb die Löwin stecken, weil ihr Hin-*
*tern zu dick war. Der Fuchs spazierte um sie herum und nahm sie von*
*hinten – dann suchte er vergnügt das Weite. Als die Löwin schließlich in*
*die Höhle zurückkehrte, stellte sie fest, dass ihr Mann wütend hin und*
*her trottete. Bei ihrem Anblick brüllte er:»Bist du jetzt zufrieden? Warum*
*war ich wohl so müde? Ich wurde gestern Nacht fünf Mal gefickt!«*

Sadeq lachte schallend (»Ha-ha-ha! Fünf Mal! Fuchs! Ha-ha-ha!«). Ich
wandte mich ab und sah aus dem Fenster.

---

Wir sitzen auf einem Fußweg und teilen uns ein Glas Limonade. Auf
der gegenüberliegenden Straßenseite, vor dem Gewimmel des Empress
Market, hat sich der übliche Stau gebildet: Autos und Rikschas sitzen
auf der schmalen Straße hinter Bussen fest, die mit laufendem Motor
dastehen und erst abfahren, wenn sie voll besetzt sind.

Mein Kopf glüht, auf meinen Wangen trocknen die Tränen. Meine
Sandale, deren Riemen gerissen ist, kommt mir vor wie ein totes, stau-
biges Tier mit eingeschlagener Schnauze.

Es geschah ganz plötzlich: Ich stolperte und stürzte, während ich
versuchte, mit meinem Vater Schritt zu halten. Er drehte sich sofort
um und stellte mich auf die Beine.»Alles in Ordnung?«, fragte er be-
sorgt. Ich bat ihn, meine Sandale zu suchen, was er auch tat. Trotzdem
musste ich heulen – meine Handflächen und Ellbogen waren blutig

und verdreckt und brannten, weil die Haut aufgeschrammt war. Limonade ist ein Luxus, den sich mein Vater eigentlich nicht leisten kann, aber weil ich weinte und noch klein war, gingen wir zum Handkarren des Limonadenverkäufers. Nun sieht er mir lächelnd beim Trinken zu. Ich frage ihn:»Bist du nicht durstig, Baba?« Er schüttelt den Kopf. Ich dränge ihm die Limonade förmlich auf. Er nimmt einen kleinen Schluck und reicht sie mir danach zurück. Er ist ein Geschichtenerzähler, und er betrachtet die Gebäude, als würde er sich ausmalen, wie es wäre, sich darin aufzuhalten. Er hat auf den Erinnerungsmodus umgeschaltet, zeigt auf eine blaue Stellwand, die für die Entwicklung von Fotos innerhalb einer Stunde wirbt.»Als ich zum College ging, war das ein Laden für Reiterhelme. Dieser Ort war das Herz der Stadt, die sauberste Ecke überhaupt, ein Treffpunkt eleganter Leute. Das Gebäude gegenüber war ein Billardsalon. Er war so teuer, dass wir als Schüler nicht genug Geld dafür hatten. Und in dem Eckladen für billige Strümpfe befanden sich damals eine Bar und ein Kabarett. Komm mit.« Er steht auf, und wir gehen weiter.

Er läuft mit ausgebreiteten Armen und hocherhobenem Kinn durch die Straßen, als würde ihm die Stadt gehören. Wir weichen Handkarren aus, und er bleibt stehen, weil ein Mann auf die Straße rotzt. Er starrt den Mann an, aber dieser schert sich nicht um ihn. Ich ziehe ihn weiter, und wir laufen über die Straße auf den Gehweg vor einem Park. Hier liegt ein unerträglicher Uringestank in der Luft. Mein Vater zeigt auf das Gebäude vor uns. Im Erdgeschoss befindet sich ein Geschäft für Kameras, darüber bröckelt eine Fassade aus Kolonialzeiten.»Das war das India Coffee House«, sagt er.»Dort trafen sich die Intellektuellen, Dichter und Künstler. Erinnerst du dich an die Skizzen, die ich zu Hause aufbewahre? Sie wurden von meinem Freund Salahuddin bei einer Tasse Tee gezeichnet. In dem Café habe ich nicht nur sämtliche Freunde gefunden, sondern auch alles gelernt, was ich über das Leben und die Politik weiß. Ich bin mit meinen Freunden nach dem Unterricht dorthin gegangen. Unser College war ganz in der Nähe – auf dem alten Universitätscampus von Karatschi.« Er hält kurz inne, weil er lachen muss. »Bei meinem Anblick hat der Besitzer immer gerufen: Ho-ho! Da kommt er, unser junger Intellek-Kachool!«

Ich betrachte sein lächelndes Gesicht, danach das marode, alte Gebäude, und versuche, meine wirren Gefühle zu ordnen. Gut möglich, dass ich in diesem Moment zum ersten Mal begreife, dass sowohl Menschen als auch Orte aus Erinnerungen bestehen und aus genau diesem Grund wichtig für uns sind: Wir konstruieren unser Selbstverständnis, indem wir mit ihnen Zwiesprache halten.

Das ist mir bestimmt nicht klar bewusst, weil ich noch zu klein bin, aber ich beginne, ein Gefühl für diese Stadt zu entwickeln – ein Gefühl fortwährender Verluste.

Sadeq und ich saßen auf einer Mauerkante und betrachteten das Meer. Windböen blähten unsere Hemden auf. Die Aufregung, die uns beim ersten Anblick des Meeres erfüllt hatte, war abgeflaut. Wir hatten uns beruhigt und kein Bedürfnis zu plaudern, sondern schnippten uns geröstete Kichererbsen in den Mund.

Um diese Zeit, gegen elf Uhr morgens, schien das Meer der einzige Traum Karatschis zu sein, der täglich in Erfüllung ging. Dies war der einzige unveränderliche Teil der Stadt, eine weite Wasserwüste, die an einen einförmigen Streifen grauen Sandes grenzte, auf dem Müll in der Sonne glänzte: Im steten Wind schlackerten Plastiktüten mit dem Kopf, halb versunkene Glasflaschen reckten ihre glitzernden Hälse aus dem Sand, verschiedene Arten von Seetang lagen wie alte, abgenutzte Feudel herum, und der Wind sorgte dafür, dass alles, was sich ihm in den Weg stellte, unaufhörlich vom Sand abgeschmirgelt wurde. Dazu die allgegenwärtigen Krähen. Hier wimmelte es von ihnen, und wir schauten ihnen zu. Sie flogen wie auf ein Kommando gemeinsam auf und stießen nieder, schnappten nach Brotstückchen oder anderen schmackhaften oder glitzernden Dingen, sie landeten schwankend auf einem Bein, flatterten oder sausten durch die Luft, prallten gegeneinander, schienen auf nichts und niemanden Rücksicht zu nehmen. Nachdem sie ihre Beute verspeist hatten, etwa ein Stück Brot, tobten sie so wild und gedankenlos herum wie Kinder, die noch keine Spielregeln kennen. In gewisser Weise verkörperten die Krähen den Geist dieser Stadt. Ich fand, dass sie aussahen wie geflügelter Müll. Ein Pärchen hatte sich zu nahe an uns herangewagt. Der Junge trug eine enge Jeans und spielte mit einer Schlüsselkette. Die beiden hatten uns den Rücken zugekehrt und gingen eng aneinander geschmiegt zum Ufer. Der Junge hatte einen Arm um das Mädchen gelegt. Er wühlte sein Gesicht in ihre Haare und küsste sie auf den Nacken.

»Ha-ha! Hast du das gesehen?«, rief ich.

Mir wurde bewusst, dass Sadeq die beiden schon eine ganze Weile beobachtete.

»Ja«, sagte er, ohne den Blick von dem Pärchen zu lösen.

»Hast du den Typen gesehen? Ein Gesicht wie ein rasiertes Küken, und trotzdem hat *er* eine Freundin.«

Beim Erreichen des feuchten Sandes zogen die beiden ihre Sandalen aus und gingen barfuß zum Wasser. Das Mädchen blieb stehen und zog den Jungen an einem Ärmel zurück. Sie zeigte auf den Fußabdruck, den er im Sand hinterlassen hatte. Der Junge bückte sich, um den Abdruck genauer zu betrachten, und ergriff die nackte Fessel des Mädchens. Während sie sich zu entwinden versuchte, mussten beide lachen.

»Du brauchst kein bestimmtes Gesicht, um eine Freundin zu finden, Alter«, meinte Sadeq, der die beiden weiter im Blick behielt. »Du brauchst Eier, die zwei Gramm schwerer sind als die aller anderen Typen. Mehr nicht.«

———

Ich sitze mit Baba auf dem Dach eines hohen Gebäudes, und wir lassen den Blick schweifen. Ich habe das Gefühl zu fliegen – hier ist es so still, uns umgibt nur die Luft, und ich bin glücklich. Wenn man den Blick senkt, könnte man glauben, dass die Welt ein wunderschöner, lustiger Ort wäre. Die Autos sind klein, die Umrisse der Gebäude deutlich zu erkennen, und zwischen den schnurgeraden Linien der Straßen scheinen Sauberkeit und Ordnung zu herrschen.

»Weißt du, mein Sohn, wichtig ist vor allem, wie man eine Stadt wahrnimmt«, sagt Baba und sieht mich an. »Wir müssen lernen, sie auf unterschiedliche Arten zu betrachten, damit wir, wenn uns ein bestimmter Anblick schmerzt, etwas anderes ins Auge fassen können. Du musst die Stadt für immer in dein Herz schließen.«

Während ich neben ihm sitze, stelle ich mir vor, mich noch viel höher zu befinden, auf einem himmelhohen Turm. Von dort oben, so stelle ich mir vor, würde alles winzig wirken. Die Welt wäre nur ein Punkt. Ein Punkt, in dem ein lustiges Treiben herrscht. Diesen winzigen Punkt stelle ich mir vor, und ich bin begeistert, weil er alles enthält, Autos, Straßen und Gebäude, Baba, mich und Amma und auch meine Schule. Einfach alles.

In diesem Augenblick erwacht mein Verlangen nach der Stadt.

»Willst du was essen? Siehst du hier irgendwo einen Bun-Kebab-Stand?«, sagte Sadeq und wollte sich die letzte Kichererbse in den Mund werfen. Doch sie verfehlte ihr Ziel, weil er plötzlich herumfuhr. Hinter uns standen zwei Polizisten, deren Hemden oben offen standen; einer hatte Sadeq mit dem Schlagstock auf die Schulter getippt.

»Na, was treibt ihr beiden hier?«, fragte einer, bei dem es sich um den ranghöheren Beamten zu handeln schien.

»Nichts. Wir quatschen. Ist das verboten?«, antwortete Sadeq.

»Quatschen? Ha!« Er wandte sich an seinen Kollegen, zwinkerte ihm zu. »Wir wissen, was *das* bedeutet. Wir wollen wissen, was ihr in *Wahrheit* tut.« Er schwieg. »Warum so schweigsam, *oye*?«, fragte er nach einer Weile und musterte uns genauer. Dann wurde sein Ton gehässig. »Wir haben euch wohl bei was erwischt, eh?«

Ich hatte das Gefühl, meine Zunge verschluckt zu haben.

»Wie meinen Sie das, Sir?«, erwiderte Sadeq mit fester Stimme, aber mit hochrotem Kopf.

»Wie ich das meine? Hmm …« Er zog seinen Schlagstock über Sadeqs Arm, senkte ihn auf die Taille, beschrieb einen Bogen um das

Becken, hielt dort kurz inne und bestupste dann die Hoden. Sadeq zuckte zusammen, blieb aber ruhig. »Ihr schwänzt die Schule, um ein bisschen Spaß unter warmen Brüdern zu haben, eh?«, höhnte er. »Wir nehmen euch mit aufs Revier. Da zeigen wir euch dann, was Spaß ist.« Er zeigte auf seinen Kollegen. »Sir, wir sind einfach nur Schüler, Sir«, entfuhr es mir. »Wir schwänzen nicht, Sir. Wir hatten heute früher Schulschluss, weil es der letzte Examenstag ist, und deshalb sind wir spontan ans Meer gefahren ...« Er hörte nicht zu. Er verlangte unsere Ausweise und befahl seinem Untergebenen, unsere Namen und den unserer Schule zu notieren. Danach setzte er sich in Bewegung, und wir folgten ihm gemeinsam mit dem zweiten Polizisten. Nach einer Weile blieb der ranghöhere Polizist vor einem Paan-Stand stehen, weil er eine Schachtel Zigaretten kaufen wollte. Währenddessen fragte Sadeq seinen neben uns stehenden Kollegen: »Ist denn gar nichts zu machen? Wäre es vielleicht möglich, dass wir Ihnen ein Bußgeld zahlen?«

Der Polizist betrachtete uns mitfühlend. »Hmm ... Ja, vielleicht. Habt ihr denn Geld?«

»Na, klar«, sagte ich und kramte mein Geld aus der Tasche. Bei dem Anblick der Scheine zu je einer Rupie zeigte er sich irritiert und meinte: »Wollt ihr mich auf den Arm nehmen, Jungs? Werft mal einen Blick auf die Schulterklappen meines Bosses – zwei Sterne!« Er wandte sich an Sadeq. »Und du?«

Sadeq wühlte in seinen Taschen und angelte zehn Rupien heraus. Der Polizist entriss ihm den Schein. »Gut. Haut ab. Ich rede mit meinem Boss. Nein, nein, behaltet das Kleingeld.« Er zeigte auf die Scheine, die ich ihm hinhielt.

Wir verschwanden in die entgegengesetzte Richtung, rannten fast, was genau genommen Unsinn war, denn wir waren am offenen Meer, und hier gab es keine Verstecke, hier konnte man überall gesehen werden, und die zwei Polizisten waren direkt hinter uns. Sie hätten uns sicher auch ein zweites Mal festnehmen können, dieses Mal unter dem Vorwand, dass wir aus ihrem Gewahrsam geflohen waren.

»Sollen wir den Mistkerl mit Steinen bewerfen? Seinen beschissenen Schädel einschlagen?«, fragte Sadeq wütend.

»Wen? Wessen Schädel?«

»Wäre einfach. Sie würden uns nie im Leben einholen. Hast du die Wampen dieser Arschlöcher gesehen? Die sind viel zu fett zum Rennen. Wir zischen einfach ab. Was meinst du?«

»Nein!«, erwiderte ich fassungslos.

»Wäre ein Kinderspiel. Ein paar Treffer, und wir verpissen uns, springen in einen Bus oder so.«

»Nein! Dann hätten wir fetten Ärger am Hals! Gegen Verrückte auf der Straße wehrt man sich nicht.«

»Aber diese Drecksäcke …« Sein Gesicht war eine Maske, und dann begann er zu weinen. Ich konnte ihm ansehen, dass er vergeblich darum kämpfte, die Tränen in seine rauhe Schale zurückzudrängen. Ich war ratlos. Er hob einen Ellbogen vor sein Gesicht und schluchzte. Nach einer Weile legte ich einen Arm um seine Schultern. »Los, wir setzen uns.« Als ich mich umdrehte, sah ich, dass sich die Polizisten entfernten.

Sadeq saß neben mir auf der Mauerkante, schnüffelte und rieb seine Augen. Was mich betraf, so war ich die Ruhe selbst. Sadeq zog wiederholt die Nase hoch. Wir schwiegen.

Ich betrachtete das Meer: Die Wellen rollten träge auf uns zu und brachen sich am Strand. Eine reckte in weiter Ferne ihren Kopf, gewann während ihres Weges zum Ufer immer mehr an Gestalt und nahm zahllose winzige Wellen in sich auf, brach am Strand in sich zusammen und strömte glitzernd zurück in das Meer.

Erstaunlicherweise dachte ich weder an Sadeq noch an die Polizisten, sondern an den alten Mann. Er kam mir vor wie eine Figur aus einer Geschichte. Mir fielen plötzlich Sätze ein, die ich vergessen zu haben glaubte. Er hatte ein paar ziemlich schräge Sachen gesagt. »Genau genommen besitzt man nur, was man in seinem Inneren trägt. Sei neugierig auf dein Herz. Finde es. Verschwinde damit. Heirate es. Die Leute vergessen ihr Herz und philosophieren stattdessen. He-he! Wenn ich weglaufe, kann ich mein Herz wieder *spüren*. Ich sitze meist im Café und esse Obstkuchen – aber das darfst du niemandem verraten – das bleibt unter uns, ja? He-he-he! Oh, nein, man kann seinem Obstkuchen und seinem Chai nicht entkommen. He-he!«

Ich begriff, dass der alte Mann für einen Teil meiner Persönlichkeit gesprochen hatte, der bis dahin von einer anderen Stimme übertönt worden war, einer Stimme, die mich während meines gesamten bisherigen Lebens beherrscht hatte wie ein Tyrann. Ich stellte mir vor, mit dem alten Mann im Café zu sitzen und seinen Geschichten zu lauschen, umgeben von rufenden Busfahrern, Paan-Verkäufern und Hotelpagen. Ich stellte mir vor, noch einmal seine Hand zu schütteln und neben ihm in einem Bus zu fahren. Und obwohl ich mich mit einem schlechten Gewissen aus der Schule abgesetzt hatte, hatte ich keinen Zweifel daran, dass wir Freunde waren. Dieser Gedanke machte mich glücklich.

Am Ende stiegen Sadeq und ich in den Bus, der zurück in die Stadt fuhr. Er schwieg die ganze Zeit, aber ich hatte sowieso keine Lust, mit ihm zu reden.

Ich wollte an der Cantt Station aussteigen und das Café suchen, aber der Schaffner meinte, es gebe keinen Bus dorthin, und wir sollten von Teen Talwar direkt nach Shahrah-e Faisal fahren. Der Bahnhof sei gesperrt, weil dort gerade irgendeine offizielle Sache laufe. »Wohin wollt ihr? Zeigt mir euer Geld.«

Ich bezahlte für die Fahrt und schaute danach aus dem Fenster auf das rasch an uns vorbeiziehende Meer. Ich träumte, dass es mich auf allen Seiten umgab. Ich hätte das Land am liebsten ganz zurückgelassen. Ich hätte mich gern in dem endlosen Blau aufgelöst, das sich ringsumher unablässig neu erschuf. Dies war im Grunde ein anderer Blick auf die Stadt. Und so geschah es, dass mein Verlangen nach der Stadt zum zweiten Mal erwachte.

**Bilal Tanweer**, *Die Welt hört nicht auf.* Roman. Aus dem Englischen von Henning Ahrens. Erscheinungsdatum: 14. März 2016, © Carl Hanser Verlag.

*Mita Banerjee*

# Der Fall des weißen Riesen

Was wir aus der amerikanischen Einbürgerungsgeschichte
für die deutsche Flüchtlingskrise lernen können

Was können wir aus der Geschichte lernen, um die Gegenwart besser
zu verstehen? Und gibt es etwas, das wir aus der amerikanischen Geschichte lernen können, um die gegenwärtig oft zitierte »Krise des
Abendlandes« besser zu verstehen? Zunächst ist da die Einsicht, wie
sie Angela Merkel jüngst formuliert hat, dass Deutschland ebenso wie
die USA längst ein Einwanderungsland geworden ist. Dies kann man
als Entwicklung verteufeln oder gutheißen, eine Tatsache jedoch bleibt
es. Daraus ergibt sich zwangsläufig die Frage, wie man mit Einwanderung an sich und Flüchtlingswellen im Besonderen umgehen soll. Wo
bleibt sie und wie lässt sie sich (neu) definieren, die viel beschworene
»deutsche Kultur«? Ein Teil der gegenwärtigen Bredouille scheint es zu
sein, dass die öffentliche Flüchtlingsdebatte und die Einwanderungs-
diskussion untrennbar ineinanderfließen; der Zustrom an Flüchtlingen
stelle deshalb eine Bedrohung dar, so führen viele an, weil schon zu
viele Zuwanderer im Land sind. Aus dieser Verquickung schöpfen die
ohnehin grob vereinfachenden Parolen der Pegida ihre Kraft. Solchen
Parolen gilt es durch bewusste Differenzierung entgegenzuwirken. Denn
wer spricht hier überhaupt, wer gibt sich als Normkultur aus, und in
wessen Namen?

Anders als die deutsche Gesellschaft, so könnte man argumentieren,
ist die US-amerikanische geradezu differenzbesessen. Es ist eine Gesellschaft, die ihre Mitglieder vor allem nach ethnischen Gesichtspunkten
aufteilt und kategorisiert. Dies schlägt sich auch in den Kategorien der

Volkszählung nieder, die über Jahrhunderte hinweg nur fünf Gruppen kannte:»white«/Hispanic, Asian, African-American, Native American/ Pacific Islander und die fünfte Kategorie»other«. Diese Kategorisierung, die David Hollinger einmal als»ethno-racial pentagon«bezeichnet hat, macht erstens deutlich, wie sich Ordnungsmechanismen auf gesellschaftliche Wahrnehmungsmuster niederschlagen; denn wir erkennen zunächst nur das, was in unserem Differenzinstrumentarium bereits vorgegeben ist. Die Kategorisierung, wie sie etwa die Volkszählung vorgibt, hilft, die Wirklichkeit zu vereinfachen. Aus der schier unüberschaubaren Vielzahl von Ethnien, die die multikulturelle Bevölkerung der USA ausmachen, werden vier scharf voneinander abgegrenzte herausgefiltert, der Rest kommt in das Sammelbecken der fünften Kategorie»Sonstiges«. Die am schnellsten wachsende Kategorie war eben die der»Sonstigen«, also derjenigen, die sich keiner Kategorie zuordnen ließen, weil sie entweder einer Vielzahl von Kategorien angehörten und somit deren Reinheitsprämisse selbst infrage stellten, oder weil sie ganz anderen, nicht erfassten beziehungsweise erfassbaren Gruppen angehörten, die die Logik der Volkszählung ohnehin nie abgebildet hatte.

Aus deutscher Sicht mag uns diese Kategorisierung absurd erscheinen; umgekehrt könnte man jedoch behaupten, dass es sehr wohl instruktiv ist, die Differenzierungsmechanismen der US-Amerikaner zu untersuchen, weil sie uns helfen können, uns über die Logik unserer eigenen Differenzwahrnehmung und unserer eigenen Kategorisierungsmuster klar zu werden. Denn die amerikanische Geschichte macht deutlich, dass Kategorisierungsmechanismen gerade dann gefährlich werden können, wenn wir uns ihrer nicht bewusst sind; wenn sie uns natürlich, offensichtlich oder objektiv erscheinen. Der erste Schritt zu nationaler oder kultureller Selbsterkenntnis kann also eine Bewusstmachung der eigenen Differenzwahrnehmung sein, wobei gerade die scheinbar nicht Kategorisierbaren und ihre fehlende Passung die Logik der Kategorien an sich vor Augen führen. In den USA des 19. Jahrhunderts waren diese Grenzgänger zwischen den Kategorien vor allem diejenigen Einwanderergruppen, von denen man nicht klar sagen konnte, ob sie weiß waren oder nicht. Sie waren, wie die Gesetzgeber in ihrer Verlegenheit anführten,»unklare Weiße« oder, wie ein Richter es ausdrückte,»inconclusively white«.

## 1 Schattierungen des»Weißseins« und Strategien des »Weißwerdens«: der Einbürgerungsdiskurs in den USA im 19. Jahrhundert

Ende des 19. Jahrhunderts wurden die USA mit Flüchtlingswellen konfrontiert, die die Gesetzgeber, die bereits 1790 ein Einbürgerungsgesetz formuliert hatten, nie hätten voraussehen können. Dieses frühe Gesetz legte fest, dass nur diejenigen eingebürgert werden konnten, die als»free white persons« galten, schloss also explizit die beiden Bevölkerungsgruppen aus, die eindeutig nicht zu dieser Kategorie gehörten: die Indianer, denen man das Land ursprünglich weggenommen hatte, und die afroamerikanischen Sklaven, die dem Gesetz nach gar nicht erst als Menschen, sondern im Gegenteil als»Vieh« galten. Während das Einbürgerungsgesetz 1790 also durchaus seinen Zweck erfüllte – Schwarze und Indianer aus der amerikanischen Gesellschaft auszuschließen –, stellte die Einwanderungsflut Ende des 19. Jahrhunderts die Richter vor ein Problem: Denn die Einwanderer strömten nun von überall her in die sogenannte Neue Welt: Es kamen Iren, Italiener, Sizilianer, Ungarn, Syrer, Inder, Chinesen und Japaner. Die Richter, die einst mit Leichtigkeit hatten sagen können, wer»weiß« war und wer nicht, sahen sich plötzlich mit einer Vielzahl von Hautfarben und Schattierungen konfrontiert, die der amerikanische Historiker Matthew Frye Jacobson als»whiteness of a different color«, als»Weiße einer anderen Farbe« bezeichnet hat.[1] Die Richter riefen nun ihrerseits um Hilfe, weil die Definition dessen, was noch als weiß gelten konnte, schier unmöglich geworden zu sein schien. Gerade diese Grauzonen wiederum machten sich die Einwanderer zunutze, die jetzt auf ihr Recht auf Einbürgerung pochten. Wie der Jurist Ian Haney López in seinem Buch *White by Law*[2] ausführt, wies etwa ein japanischer Antragsteller darauf hin, seine Haut sei wesentlich heller als die eines durchschnittlichen Sizilianers, und die Sizilianer habe man längst eingebürgert.

Für die Differenzforschung und für unser Verständnis von Differenz sind diese Strategien gerade deshalb bemerkenswert, weil sie deutlich machen, dass Einwanderer keineswegs nur Opfer der jeweiligen Kategorisierungspolitik des Landes sind, in das sie einwandern. Vielmehr können sie durchaus eine eigene Handlungsfähigkeit erlangen. Einwanderer, die Anträge zunächst auf Bleiberecht und dann auf Einbürgerung stellen, werden in dem Maße handlungsfähig, wie sie sich der Differenzierungsmechanismen des Gastlandes bewusst werden, die sie in einem zweiten Schritt zu ihren eigenen Gunsten nutzen können.

Zu lernen ist aus der amerikanischen Geschichte, dass wir uns der Logik von Differenzierungs- und Kategorisierungsmustern an sich bewusst werden können, ebenso wie der Fähigkeit von Einwanderern, sich in diesen Kategorisierungsmustern zurechtzufinden und diese sogar zu ihren eigenen Gunsten auszunutzen oder anzuwenden. Auch wenn diese Differenzierungs- und Kategorisierungsmuster kulturspezifisch sind und auf unterschiedliche Differenzen rekurrieren – in den USA vor allem auf das Moment der Hautfarbe und der Ethnizität –, so weisen sie, wenn man von diesen Spezifika abstrahiert, erstaunliche Übereinstimmungen auf. In der Geschichte der USA zeigt sich in der vertrackten Verbindung von Hautfarbe, Ethnizität und »Kultur«, dass »Weißsein« zu Beginn des 20. Jahrhunderts bei Weitem nicht nur durch die Hautfarbe definiert wurde. Vielmehr ging es darum, festzustellen, worin die *kulturellen* Merkmale des Weißseins begründet sein könnten. Gerade darin ähnelte die amerikanische Debatte um Einbürgerung der Auseinandersetzung, wie sie sich gegenwärtig in Deutschland vollzieht: Denn es konnten nur diejenigen eingebürgert werden, die mit der amerikanischen Normkultur als vereinbar galten. »Weißsein« stand für eben diese Normkultur. Wie López weiter ausführt, war »Whiteness« somit keinesfalls eine biologische, sondern vielmehr eine soziale Kategorie. Antragsteller, die eingebürgert werden wollten, mussten vor allem ihre Fähigkeit unter Beweis stellen, sich an die amerikanische Normkultur anzupassen beziehungsweise von vornherein mit ihr kompatibel zu sein.

Die Kunst in den Plädoyers auf Einbürgerung – im amerikanischen Sprachgebrauch buchstäblich »naturalization« genannt – bestand darin, den Richtern die Angst vor der Fremdheit des Antragstellers zu nehmen. Für unser Verständnis von sozialer Differenzierung, so könnte man anführen, ist der Prozess der Einbürgerung noch sehr viel aufschlussreicher als deren Resultat: Denn in diesen Prozessen – sowohl im juristischen wie im metaphorischen Sinne – wird die Möglichkeit einer Grenzverschiebung deutlich. Einbürgerungsprozesse geben darüber Aufschluss, welcher Grad und welche Form von Differenz noch als »einbürgerungsfähig« durchgehen oder als mit der Normkultur inkompatibel abgelehnt werden. Der Begriff der »Einbürgerungsfähigkeit« markiert dabei den Grad an Assimilierbarkeit, der für Einwanderer und Flüchtlinge gleichermaßen relevant ist.

Gerade die Differenzierung macht die amerikanischen Einbürgerungsverfahren zu Beginn des 20. Jahrhunderts, die sogenannten »racial prerequisite cases«, so interessant. In diesen Gerichtsverfahren mussten Einwanderer den Nachweis erbringen, dass sie »weiß« waren und somit ein Recht auf Einbürgerung hatten. Denn die Ängste der Gesetzgeber blieben immer implizit, unausgesprochen; sie mussten von den Antragstellern erst erspürt und dann widerlegt werden. Wichtig erscheint hier, dass Prozesse der Einbürgerung als Bruchstellen in der Geschichte des Nationalstaats verstanden werden können: Eine Einbürgerung macht immer auch die sozialen, kulturellen und juristischen Grenzziehungsmechanismen des jeweiligen Nationalstaats sichtbar. Diese für die Bürger meist unsichtbaren Grenzen werden in dem Moment als Grenzen sichtbar, in dem Einwanderer oder Flüchtlinge sie überschreiten wollen. Diese Grenzüberschreitung kann von der Normkultur als Bedrohung wahrgenommen werden, da sie das vermeintlich Eigene durch eine inkommensurable Fremdheit in Gefahr geraten lässt. Sie stellt aber gleichzeitig die Möglichkeit dar, sich über die Natur und die Logik dieses Selbstbildes bewusst zu werden. Erneut waren es in der Geschichte der USA vor allem nicht kategorisierbare Einwanderer, die diese Eigenlogik offenzulegen vermochten.

Bemerkenswert ist hier, dass gerade syrische Antragsteller immer wieder im Zentrum der Debatte standen. Denn die Syrer galten in den USA als »borderline white«, als Grenzgänger zwischen weißen und nicht weißen Einwanderergruppen. Es musste den Antragstellern gelingen, zu beweisen, dass sie auf der richtigen Seite der Grenze standen, ihre Ähnlichkeit mit der Kultur, der sich die Richter selbst zugehörig fühlten, vorhanden war. So wies, wie Jacobson berichtet, der syrische Antragsteller Tom Ellis darauf hin, er trage einen Anzug, der deutlich mache, dass er sich dem Anlass entsprechend zu kleiden wisse und somit keineswegs ein »kultureller Analphabet« sei; er verfüge über »cultural literacy«, über eine profunde Kenntnis darüber, was die amerikanischen Sitten und Gebräuche ausmache. Zudem sei er überaus gebildet. Im Zentrum der Einbürgerungsdebatte in den USA, ebenso wie in der deutschen Flüchtlingsdebatte der Gegenwart, stand und steht die Frage der Assimilation; die Angst vor »Parallelgesellschaften« war und ist dieselbe. Von Bedeutung ist hier aber auch, dass Tom Ellis in seinem Plädoyer auf Einbürgerung seine Kenntnis der Kriterien, nach denen der Nationalstaat Einwanderern Einlass gewährt oder aber verweigert, darlegen konnte. Bildung wird also zur Eintrittskarte in die Normkultur; kann der Antragsteller seine Bildung unter Beweis stellen, wird seine (angenommene) kulturelle Fremdheit plötzlich unerheblich. Daran zeigt sich jedoch auch, wie sehr in Einbürgerungsprozessen oder in Verhandlungen auf Bleiberecht unterschiedliche Kategorien ineinanderfließen: Fragen der Klassenzugehörigkeit, des Bildungsstands und der »Kultur« geraten hier durcheinander. Umgekehrt werden wir der Lage jedoch in dem Maße Herr, in dem wir uns bemühen, diese Kategorien voneinander zu trennen und uns der Widersprüchlichkeit der Kategorisierungsmechanismen bewusst zu werden.

López schildert den Fall des Syrers George Dow, der die Logik und gleichzeitig die Absurdität der Einbürgerungsdebatte auf die Spitze trieb, indem er anführte, er komme aus dem alten Phönizien, dem Gebiet, aus dem historisch auch Jesus Christus gekommen war. Sollte das Gericht ihm das Recht auf Einbürgerung vorenthalten, so bedeutete dies nichts anderes, als würde man Jesus Christus, würde er heute leben, das Recht auf die amerikanische Staatsbürgerschaft verweigern. George Dow packte also die Richter dort, wo sie am verwundbarsten waren. Er machte das deutlich, was bislang nur implizit in den Statuten verbrieft war: dass »Amerikanischsein« untrennbar mit einer Zugehörigkeit zum christlichen Glauben und somit zur »christlichen Kultur« verbunden war. Die Richter, denen George Dow die Ideologiegeladenheit ihrer vermeintlich objektiven Rechtsauffassung vor Augen geführt hatte, lehnten sein Gesuch denn auch prompt ab mit dem Vorwurf, es handele sich um eine »emotionale Erpressung« des Gerichts. Das Gerichtsurteil *In re George Dow* macht also nicht nur deutlich, wie sehr unterschiedliche Kategorien – hier Kultur und Religion – ineinanderfließen, sondern ist besonders frappierend in einem Staat, der sich ausdrücklich als überkonfessionell versteht; denn die USA definierten sich, anders als die Herkunftsländer, aus denen viele Einwanderer in die Neue Welt flohen, als ein Land, das Religionsfreiheit ausdrücklich garantierte. Dieses Widerspruchs mit der amerikanischen Verfassung, die garantiert, dass die nationale Rechtsprechung über den Belangen der Religion steht und von diesen unberührt bleibt, waren sich die Richter im Gerichtsverfahren George Dow durchaus bewusst. Es gelang Dow in seinem Plädoyer auf Einbürgerung also nachzuweisen, dass die USA die in der Verfassung verbriefte Trennung zwischen Religion und Kultur, und damit die Prämisse der Säkularität des Nationalstaats, de facto nicht aufrechterhalten. Und gerade hier mussten die Richter die Reißleine ziehen: Anstatt einzugestehen, dass im Falle der Einbürgerung der Verweis auf die Säkularität des Nationalstaats oft nur ein Lippenbekenntnis darstellt, erklären sie Dows Einwand schlichtweg als unzulässig.

Wie der Fall George Dow zeigt, lag die Entscheidung über die Whiteness oder Non-Whiteness eines Antragstellers einzig und allein beim

Richter selbst. Außer Acht bleibt hier freilich die Frage, inwieweit Gesetzestexte selbst kulturgebunden sind; López spricht in diesem Zusammenhang von einem Doppelbinder, einem »double bind« zwischen Recht und Kultur. Der Gesetzestext erhebt zwar für sich den Anspruch, jenseits kultureller Partikularismen zu stehen, fußt jedoch seinerseits oft auf kulturellen Vorannahmen, die er dann in rechtliche Maßnahmen übersetzt.

## 2 Wie die Iren weiß wurden

Gegenstand der Debatte um das Weißsein beziehungsweise das Weißwerden von Einwanderern muss aber auch das Verhältnis der Einwanderergruppen untereinander sein. Denn »Weißsein« ist immer auch eine relationale Kategorie; und sie bezieht sich nicht nur auf die Normkultur, zu der immer neue Einwanderergruppen Zugang fordern, sondern sie entsteht auch durch die Abgrenzung einer Einwandergruppe gegenüber einer anderen. Eine Strategie zur Erlangung des »Weißseins,« der sich einige Einwandergruppen in den USA im 19. Jahrhundert bedienten, war es, andere Einwanderergruppen beziehungsweise andere nicht weiße Bevölkerungsgruppen zu diffamieren. So hat der Historiker Noel Ignatiev in seinem Buch *How the Irish Became White*[3] nachgewiesen, dass die Iren in dem Maße weiß wurden, in dem sie sich von den Afroamerikanern distanzierten. Die Iren, die selbst als »colored« bezeichnet wurden, galten als ebenso unzivilisiert und wenig integrierbar wie die Afroamerikaner und wurden als alkoholsüchtig und gewalttätig, vor allem ihren Frauen gegenüber, gekennzeichnet. Um deutlich zu machen, wie nah diese beiden Gruppen beieinander waren, bezeichnete man Afroamerikaner auch als »smoked Irish«. In dem Maße also, in dem die Iren im Volksmund mit den Afroamerikanern assoziiert wurden, schienen sie wenig Anspruch darauf zu haben, zukünftig als weiße Amerikaner anerkannt zu werden. Ignatiev beschreibt, wie die Iren sich zunächst systematisch von den Afroamerikanern abgrenzten; diese Abgrenzung schien ihnen umso wichtiger, als sie mit diesen oft um die gleichen Jobs konkurrierten, um Arbeitsstellen für ungelernte Arbeiter, um Anstellungen in Fleischfabriken oder bei Düngemittelherstellern. Irische Einwanderer begannen, sich in Gewerkschaften zu organisieren, bei denen Schwarze nicht zugelassen waren. Statt sich mit den Afroamerikanern zu solidarisieren, grenzten sie sich gegen sie ab. Ignatiev zeichnet einen Prozess nach, der der Logik der »racial prerequisite cases« durchaus ähnlich ist: Den Nachweis der eigenen Einbürgerungswürdigkeit konnte derjenige erbringen, der beweisen konnte, dass er die Sitten und Gebräuche der dominanten Kultur kannte. Wie besser könnte man diesen Nachweis erbringen als durch die Ausübung diffamierender Praktiken? Die Iren wurden also in dem Maße weiß, in dem sie gegenüber den Afroamerikanern selbst zu Rassisten wurden. Die Normkultur betrachtete diesen Kampf um Anerkennung aus sicherer Distanz: Man spricht im Englischen in Anlehnung an die einstige Kolonialpolitik des britischen Commonwealth von einer Politik des »divide and rule«, vom Ausspielen einer Einwanderergruppe gegen eine andere. Die Normkultur war hier fein heraus; sie schaute stillschweigend zu, wie sich die Einwanderergruppen im Kampf um Anerkennung gegenseitig diffamierten.

Die Iren vergaßen ganz schnell, dass sie in ihrem Herkunftsland – dem damals unter englischer Besatzung stehenden Irland – von den Engländern unterdrückt und diffamiert worden waren. Für die Engländer waren sie eine minderwertige »Rasse« gewesen; genau das aber vergaßen oder verdrängten sie bewusst in dem Moment, in dem sie als *weiße* Einwanderer schwarze Amerikaner aus ihren Gewerkschaften ausschlossen. Solidarität, so lehrt uns die(se) Geschichte, kann nur dann entstehen, wenn man sich der Logik des »divide and rule« bewusst wird und sich ihr dann verweigert; wenn man sich darauf besinnt, dass man selbst oder die eigenen Vorfahren einst ebenfalls nicht zur Normkultur gehörten.

Der eigentliche Trost der amerikanischen Geschichte ist die Besinnung auf die Heterogenität der Norm, nicht das Festhalten an ihrer vermeintlichen Homogenität: Hätten die Iren, statt auf ihrer eigenen Whiteness zu beharren – eine Whiteness, die sie überhaupt erst durch die Abgrenzung gegenüber den Afroamerikanern erlangten –, sich mit den schwarzen Amerikanern solidarisiert, so hätte diese neue, heterogene Gruppe, etwa in Form von Gewerkschaften, gegenüber Arbeitgebern sehr viel mehr Gewicht gehabt. Doch der Kampf um Anerkennung veranlasste die Einwanderer dazu, Einlass zur Normkultur zu fordern, und dies auf Kosten Dritter; die Abgrenzung gegen eine andere, als unassimilierbar wahrgenommene Gruppe ermöglichte den Iren den Zugang zur dominanten Kultur, die in diesem Moment gleichzeitig homogen und heterogen erschien: Sie war als heterogen sichtbar in dem Maße, wie sie den – bis dahin als nicht weiß wahrgenommenen – Iren Zugang gewährte; und sie homogenisierte sich, indem sie sich als weiße Gemeinschaft aus kultureller Normkultur und eingewanderten Weißen von nicht weißen Gruppen abgrenzte. Der Preis, den die Iren für ihre kulturelle Einbürgerung zahlten, war der Verzicht auf interethnische Solidarität.

## 3 Die Angst vor kultureller Vermischung

Es fällt auf, dass die Ängste der Mehrheitskultur damals wie heute, hier wie dort sich durchaus ähnlich sind. Die Angst vor Überfremdung ließ die Richter sich auf eine angenommene, »weiße« amerikanische Mehrheitskultur beziehen, deren Heterogenität sie gleichzeitig verschleierten. Die Homogenität der Mehrheitskultur, so hat Armin Nassehi für die gegenwärtige deutsche Debatte angeführt, entsteht erst in dem Moment, in dem sie sich von vermeintlich »Andersartigen« abgrenzt.

Im Zentrum der neu erfundenen Besinnung auf die vermeintlich autochthone deutsche Kultur steht die Definition kultureller Selbstbesinnung als *christliche* Selbstbesinnung. (Nicht von ungefähr lehnt AfD-Politiker Björn Höcke den Bau von Moscheen in Deutschland strikt ab.) Die Einbürgerungsdebatte der USA war zusätzlich geprägt von der Angst, die Kulturen könnten sich nicht nur metaphorisch, sondern auch physisch vermischen, konkret: Der nicht christliche, nicht weiße Einwanderer könnte eine Frau aus der Normkultur heiraten. Die Ehe beziehungsweise in der heutigen Zeit die »Verbindung« von Angehörigen unterschiedlicher Kulturgruppen war und ist das Schreckgespenst der Einbürgerungs- oder Flüchtlingsdebatte. Der Philologenverband Sachsen-Anhalt warnte jüngst davor, junge deutsche Frauen könnten bald »Abenteuer« mit muslimischen Männern eingehen. Wie die *Zeit* am 6. November 2015 berichtete, »sorgt sich der Verband um ›sexuelle Abenteuer‹ zwischen Schülerinnen und ›attraktiven muslimischen Männern‹«. In den USA kursierten Ende des 19. Jahrhunderts Karikaturen, die die Eheschließung eines chinesischen Einwanderers mit einer Amerikanerin zeigten. Die mediale Warnung an die Gesamtbevölkerung war klar: Weil dieser in den Karikaturen verunglimpfte »John Chinaman« für amerikanische Frauen (angeblich) so attraktiv war, würden sie ihn am Ende einheimischen Männern vorziehen; der »Heiratsmarkt« würde schließlich für amerikanische Männer leer gefegt sein. Die weitaus größere Anzahl der Karikaturen, wie sie etwa der amerikanische Historiker Nayan Shah untersucht hat, warnte allerdings vor denjenigen »attraktiven« chinesischen Einwanderern, die weiße amerikanische Frauen gezielt auf Abwege führen wollten. Und als sei keine Zeit vergangen, bezeichnet der Verbandsvorsitzende des Philologenverbands Sachsen-Anhalt im genannten Artikel »muslimische Männer grundsätzlich als Risiko für Mädchen«. Es ist von einer »Immigranteninvasion« die Rede und angeblichen sexuellen Belästigungen durch Asylbewerber. Es sei nicht zu übersehen, dass »viele junge, kräftige, meist muslimische Männer« ins Land kämen, und zwar »nicht immer mit den ehrlichsten Absichten«. Die »Virilität« des Einwanderers wird hier heraufbeschworen, der im Zeitalter schwindender Geburtenzahlen zum sexuell potenten und moralisch skrupellosen Verführer wird, dem wehrlose junge Mädchen auf den Leim gehen könnten.

Die Konsequenz der Agitation gegen chinesische Einwanderer war, dass in den USA ein Einwanderungsgesetz erlassen wurde, das diese

Immigration grundsätzlich verbot: Es kam zu dem »Chinese Exclusion Act« von 1882, man sprach gar von einer »Asiatic Barred Zone«, einer für Asiaten verbotenen Zone. Die Angst vor Überfremdung war somit keinesfalls nur kultureller, sondern eben auch sexueller Natur. Die als »Welle« oder »Invasion« wahrgenommene, scheinbar »ungezügelte« Einwanderung schürte die Ängste noch, die die dominante Kultur ohnehin plagten: die Angst vor einem Mangel an Virilität, einem Rückgang der Geburtenrate und schließlich ihrem drohenden Aussterben. Groteske Bilder, wie das von Björn Höcke verbreitete vom »lebensbejahenden« Afrikaner, zielen in dieselbe Richtung. Immerhin hat sich der Philologenverband auf nationaler Ebene von den Äußerungen des Landesverbands Sachsen-Anhalt distanziert.

In den USA des 19. Jahrhunderts war die angenommene Krise der »weißen« Kultur, von der man annahm, sie stehe angesichts des ungehinderten Zustroms von nicht weißen oder zweifelhaft weißen Einwanderern vor dem Untergang, untrennbar verbunden mit einer Krise der Männlichkeit. Wie die Historikerin Wendy Kline ausführt, litten gerade weiße Männer, die sich der Mittelschicht zugehörig fühlten, an einer als »neurasthenia« bezeichneten Nervenkrankheit, die oft mit Unfruchtbarkeit einherging.[4] Die Leistungsgesellschaft des 19. Jahrhunderts und die zunehmende Industrialisierung forderten ihren Tribut, so führte man damals an, vor allem von der weißen Mittelschicht, die nicht länger in der Lage war, ihren eigenen Fortbestand zu sichern. In dem Maße, in dem die weiße Mittelschicht also biologisch und psychologisch nicht mehr in der Lage schien, sich selbst zu reproduzieren, wurden die Angehörigen anderer Bevölkerungsgruppen als Bedrohung wahrgenommen, die für den Untergang des weißen Mittelschichtamerika verantwortlich gemacht wurden. Diese Bedrohung wiederum war stark genderspezifisch: Aus der Sicht weißer Mittelschichtmänner ging sie von weißen Angehörigen der Arbeiterklasse, von den als hyperviril empfundenen Afroamerikanern und von Männern aus Einwanderergruppen aus. Da Abgrenzungs- und Ausschlussmechanismen meist mehr über den Ausschließenden sagen als über den Ausgeschlossenen, kann die Agitation der weißen Mittelschichtangehörigen gegen den unbeschränkten Zuzug von (vor allem männlichen) Einwanderern als Hinweis auf eine Kulturkrise gedeutet werden, die auch eine Krise der Männlichkeit war. Einwanderung wurde zum Katalysator bestehender Ängste. Erneut eröffneten die (gefühlte) Krise und die Abwehrmechanismen Einblicke in die Befindlichkeit derer, die sich als Normkultur stilisierten. Um der Krise Herr zu werden, wurden Grenzziehungsmaßnahmen gefordert – die Begrenzung der Einwanderung, die sich auf männliche Einwanderer, vor allem aber auf deren Familien bezog. Erklärt wurde der verfügte Einwanderungsstopp damit, dass ohnehin bereits zu viele Einwanderer im Land seien; nun gelte es wenigstens, den Zuzug von deren Familien zu verhindern.

## 4 Zuwanderungsbeschränkungen und die Angst vor der Großfamilie

Durch den Chinese Exclusion Act wurde nicht nur die Zuwanderung aus China in die USA grundsätzlich eingefroren, sondern auch der Zuzug von Familienangehörigen, vor allem Frauen, die ihren bereits eingewanderten Ehemännern folgen wollten, verboten. In amerikanischen Großstädten entstanden daraufhin sogenannte »bachelor societies«: Gesellschaften aus »Junggesellen«, deren Frauen und Kinder im Herkunftsland zurückgeblieben waren. Diese erzwungene Parallelgesellschaft hatte nicht nur für die Einwanderer und deren Familien dramatische Folgen: Die Einwanderer, die sich nach einem Familienleben sehnten, gründeten neue Familien beziehungsweise gingen neue Verbindungen ein; sie waren durch die Einwanderungsgesetzgebung dazu verdammt, in einem ständigen »state of suspension« zu leben, einem Schwebezustand, der es ihnen unmöglich machte, die eigene Vergangenheit mit der eigenen Gegenwart in Einklang zu bringen. Dieser Schwebezustand und die aus dem Chinese Exclusion Act ebenso wie aus rassistisch motivierten Beschränkungen im Wohnungsmarkt entstehenden Gettos der »bachelor societies« sind in Romanen wie *Bone* von Fae Myenne Ng anschaulich beschrieben. Vor allem der untersagte Zuzug von Familienangehörigen hatte schwerwiegende Folgen für die psychische Gesundheit der Einwanderer in den USA, die das Land, in dem ihre Arbeitskraft gebraucht wurde, nicht mit einem (Familien-)Leben in Einklang bringen konnten, aus dem sie Energie und Zufriedenheit hätten schöpfen können.

Der Chinese Exclusion Act war nur ein Teil eines sehr viel umfassenderen Quotensystems, aus dem sich auch eine Trennung in »desirable« und »undesirable immigrants« ergab, eine Trennung zwischen solchen Einwanderern, die erwünscht waren, und solchen, die man lieber nicht im Land haben wollte. An der Spitze dieser sich aus dem Quotensystem ergebenden Einwanderungspyramide standen – wenig überraschend – die Nordeuropäer: Eine Karikatur zum Thema »European Immigrants and the Melting Pot« aus dem Jahre 1924 zeigt einen Trichter, in den Einwanderer vor allem aus Europa unter der strengen Aufsicht von Uncle Sam hineingefüllt werden, um unten als Amerikaner wieder herauszupurzeln. Was dieses Quotensystem aus der Retrospektive so problematisch macht, ist vielleicht weniger die Tatsache, dass man den Strom der Einwanderung durch Quoten regeln wollte, sondern die kulturellen Vorannahmen, auf denen diese Quoten beruhten. Inzwischen ist man sich einig, dass die Quoten eine Vorstellung von Amerikanisierung als kultureller Whiteness transportierten, wie sie heute unhaltbar wäre. Die Frage also, die sich aus diesem historischen Beispiel für die deutsche Gegenwart ergibt, ist, inwiefern ein Quotensystem automatisch kulturelle Vorurteile mit sich bringt: ein Vorurteil, demzufolge Einwanderer aus manchen Ländern kompatibler mit der dominanten Kultur des sogenannten »Gastlandes« sind als andere. 1954 wurde in den USA die Quotenregelung abgeschafft; ein Verweis auf Herkunftsländer sollte fortan kein Kriterium mehr für die Einwanderungsregelung sein.

## 5 Der Knigge für Flüchtlinge und die Lektion der Whiteness Studies

Die Lektion, die wir von den Whiteness Studies lernen können, ist, diejenigen Mechanismen zu erkennen, die uns überhaupt in Vergleichen und Relationen in Bezug auf Einbürgerungsfähigkeit denken lassen. Die Terminologie dieser Whiteness mit der Relation der Fremdheit, die sie angibt, mag uns zwar befremdlich erscheinen, nicht ganz unbekannt aber ist die eigentliche Frage, die den Whiteness Studies zugrunde liegt: Wie fremd oder andersartig darf die Kultur von Flüchtlingen sein, damit diese assimiliert oder gar eingebürgert werden können? Hier erscheint es, in den USA ebenso wie in Deutschland, jedoch weitaus produktiver, nicht mit einem Verweis auf die Herkunftskultur zu argumentieren, sondern vielmehr danach zu fragen, zu welchem Gesellschafts- und Menschenbild sich jemand bekennen muss, um als einbürgerungsfähig oder -würdig zu gelten. Kulturrelativismus erscheint hier fehl am Platz: Denn die Forderung, den gemeinsamen – auf einem Demokratieverständnis gründenden – Nenner anzunehmen, ist keineswegs automatisch eine Forderung nach vollständiger kultureller Assimilation. Das zeigen die jüngsten Ereignisse von Köln. Hier scheint der geforderte »Knigge für Flüchtlinge« eine Lösung, die zukunftsweisender nicht sein könnte. Im Zentrum des Knigges für Flüchtlinge steht das, was auch die oben beschriebene Einwanderungsdebatte in den USA ausmachte: Das Versprechen seitens der Einwanderer, dass sie gewillt sind, sich den Verhaltensregeln derjenigen Kultur anzupassen, in der sie dauerhaft bleiben wollen.

Der amerikanische Diskurs der »racial prerequisite cases« unterscheidet nicht zwischen Einwanderern und Flüchtlingen, insofern steht – auch dies scheint für die gegenwärtige deutsche Debatte bedenkenswert – im Zentrum der Einbürgerungsverfahren nur die Frage, inwieweit der Antragsteller in die bestehende amerikanische Gesellschaft integriert werden kann, nicht jedoch die Frage, warum er überhaupt in die USA immigriert ist. Irische Einwanderer waren durch die »Great Famine«, die Kartoffelpest Mitte des 19. Jahrhunderts zu dem geworden, was wir heute als Wirtschaftsflüchtlinge bezeichnen würden; andere Einwanderer flohen vor Kriegen. Alle flohen, weil sie sich für ihre Kinder in der Neuen Welt eine bessere Zukunft erhofften. Aus der heutigen Sicht erscheint es bemerkenswert, dass all diese Gründe für die Argumentation, für den Antrag auf Einbürgerung, unerheblich waren. Es galt vielmehr unter Beweis zu stellen, wie aufrichtig der Wunsch nach Einbürgerung war und auf welche kulturellen Werte oder Gemeinsamkeiten er sich gründete. Was also wäre, wenn wir argumentieren, dass auch die Flucht vor Hunger und Armut legitime Gründe zur Auswanderung sind?

Ungeachtet der Tatsache, ob sie im heutigen Sinne Flüchtlinge wären oder nicht, stellten die Einwanderer in ihren Plädoyers für ihre Einbürgerung oft heraus, wie produktiv sie wirtschaftlich seien; sie konnten zwar nur dann Land erwerben, wenn sie amerikanische Staatsbürger waren, arbeiten jedoch durften sie immer. Sie mussten nur eine Arbeit finden; dieser Einfallsreichtum und ihre Arbeitswilligkeit und die Arbeiten, die sie zu tun bereit waren, würden ihnen später in ihren Einbürgerungsverfahren gute Dienste leisten. Dadurch, dass sie Teil des amerikanischen Arbeitsmarkts waren und sich auf diesem bewährt hatten, waren sie integriert worden, lange bevor sie den Antrag auf Einbürgerung überhaupt stellten. Mit Nassehi gesprochen, ist die Eingliederung von Einwanderern in den einheimischen Arbeitsmarkt ein wesentlicher Schlüssel zur Integration, weshalb Flüchtlingen der Zugang zum Arbeitsmarkt erleichtert werden sollte. Das Beispiel der USA scheint diese Forderung stark zu bekräftigen. Lange bevor sie dem Gesetz nach zu Amerikanern wurden, waren die böhmischen, irischen oder italienischen Einwanderer auf dem amerikanischen Arbeitsmarkt integriert. Sie konnten ihre Familien ernähren und fanden Anerkennung; diese Erfahrung wiederum bestärkte sie in dem Wunsch, Amerikaner zu werden.

# 6 Das Ende der Odyssee

Die amerikanische Debatte um Einbürgerung wurde, wie Jacobson anführt, mit dem Ende der »Odyssee des Weißseins« eingestellt: Heute erscheint es uns nur noch absurd, dass die Iren, die Italiener oder die Griechen in den USA einst als »colored« galten. All diejenigen Bevölkerungsgruppen, die wir als »weiße« Amerikaner wahrnehmen, als durchschnittliche Amerikaner, die wie die meisten anderen Amerikaner Vorfahren haben, die aus anderen Teilen der Welt eingewandert waren, mussten erst eine Odyssee durchlaufen. Das, was wir heute als selbstverständlich wahrnehmen, war keineswegs immer selbstverständlich. Die Einbürgerungsverfahren des späten 19. und frühen 20. Jahrhunderts zeigen, dass das, was uns heute als »natürlich« erscheint, historisch gewachsen ist.

Wir in Deutschland sollten uns bewusst machen, dass die einstigen »Gastarbeiter« der 1960er- und 1970er-Jahre längst zu Deutschen geworden sind; dass diejenigen, die der Mehrheitsgesellschaft einst »fremd« erschienen, längst nicht mehr aus der Gesamtbevölkerung herauszudividieren sind. Die Pizza ist (auch) zum deutschen Nationalgericht geworden; im *Culinaria Deutschland* von 2013 wird auch der Döner zum deutschen Gericht. Was wäre unsere Alltagswelt, wenn all diejenigen, die wir einst als Gastarbeiter brauchten und die den eigenen Plänen entgegen schließlich geblieben sind, wirklich »nach Hause« gegangen wären? Die türkisch-deutsche Schriftstellerin Renan Demirkan beschreibt in ihrem Roman *Schwarzer Tee mit drei Stück Zucker* ein älteres türkisches Ehepaar, dessen in Deutschland geborene Kinder erwachsen sind und das sich eingestehen muss, dass Deutschland längst zur eigentlichen Heimat geworden ist.

Was wir aus unserer eigenen, gar nicht so fernen Geschichte lernen können, ist, dass wir den Flüchtlingen, die jetzt nach Deutschland kommen, die Möglichkeit einer Integration von vornherein einräumen; denn die Bezeichnung des »Gastarbeiters« war von Anfang an ein Euphemismus, eine sprachliche wie psychologische Ausgrenzung derjenigen, die wir uns als dauerhafte Deutsche nicht vorstellen konnten. Wie der indisch-amerikanische Kulturwissenschaftler Vijay Prashad[5] am Beispiel der USA angeführt hat, will man dieser Sichtweise nach die Arbeit, aber nicht die Leben der Einwanderer. Man braucht zwar ihre Arbeitskraft, dass ihre Leben jedoch Teil des eigenen, amerikanischen Alltags werden, will man nicht. Paradoxie und Zynismus sind hier untrennbar verbunden.

Doch das Deutschland von heute ist nicht mehr das Deutschland der 1960er-Jahre; und, wie Nassehi jüngst angeführt hat, ist es auch nicht mehr das der 1990er-Jahre, in denen Parolen wie »Kinder statt Inder« noch salonfähig waren. Was beruhigt, ist also gerade, dass Höckes Untergangsfantasien, die autochthone deutsche Bevölkerung würde von »lebensbejahenden« Afrikanern überfremdet, größtenteils auf Unverständnis stoßen. Einst kamen die Flüchtlinge in die USA, weil sie das in den Sockel der Freiheitsstatue eingemeißelte Bekenntnis der jüdischen Dichterin Emma Lazarus ernst nahmen: »Give me your tired, your poor, your huddled masses yearning to breathe free«. Heute ist Europa zum gelobten Land der Flüchtlinge geworden; und es mag ein historischer Zufall sein, dass eine christlich-demokratische Kanzlerin in einer Weise, die früher als sozialdemokratisch galt, sich für kulturelle Vielfalt, vor allem aber für Solidarität ausspricht. Was bleibt, ist ein erneutes Nachdenken über einen gemeinsamen Nenner: Ein Kriterium, das in den Gerichtsverfahren im 19. Jahrhundert in den USA immer wieder eine Rolle spielte, ist die Idee der »fitness for self-government«, der Fähigkeit von Einwanderern zu Selbstreflexion: Es ging also nicht zuletzt um Demokratiefähigkeit, um den Willen, demokratisches Handeln zu erlernen. In den Gerichtsverfahren mussten die Antragsteller sich glaubhaft für Demokratie aussprechen, auch dann, wenn dies in ihrem Herkunftsland unüblich war. Dieses Demokratieversprechen und -bekenntnis ist in einer Weise tragfähig, wie es Verweise auf dezidiert christliche Werte kaum und auf Hautfarbe oder Ethnie gar nicht sind.

Im Amerikanischen sagt man, dass Extremsituationen uns zwingen können – wie im Pokerspiel –, Farbe zu bekennen (»to call one's bluff«).

Insofern stellt die Flüchtlingskrise für Deutschland auch die Chance dar, im wahrsten Sinne des Wortes Farbe zu bekennen und anzuerkennen, dass die Hautfarbe und die Herkunftsländer derjenigen, die sich längst Deutsche nennen, vielfältig sind. Die Herausforderung besteht nun darin, die neuen Zuwanderer in transparenter, durchdachter und differenzierter Weise in diese Vielfalt einzubeziehen und uns gleichzeitig unserer eigenen Kriterien bewusst zu werden. Eine Bezugnahme auf den gesunden Menschenverstand ist hier wenig hilfreich, denn sie verschleiert nur diejenigen Kriterien, die wir nicht explizit aussprechen wollen. Angela Merkel gibt ein Versprechen, das dem von Lazarus' Gedicht durchaus ähnelt. Im Einlösen dieses Versprechens kann das alte Deutschland zu einem neuen werden und sich gleichzeitig bewusst sein, dass Kulturen nie stabil, sondern ständigem Wandel unterworfen sind. Das alte Deutschland, das die Vertreter von Pegida nun heraufbeschwören wollen, hat es nie gegeben – Gott sei Dank.

## Anmerkungen

1 Matthew Frye Jacobson: *Whiteness of a Different Color. European Immgrants and the Alchemy of Race.* Cambridge 1999.

2 Ian Haney López: *White by Law. The Legal Construction of Race.* New York 1996.

3 Noel Ignatiev: *How the Irish Became White.* New York 1995.

4 Wendy Kline: *Building a Better Race. Gender, Sexuality, and Eugenics from the Turn of the Century to the Baby Boom.* Berkeley 2001.

5 Vijay Prashad: *The Karma of Brown Folk.* Minneapolis 2000.

# FLORIAN BEAUDENON

FREMDE AUGENBLICKE
VOYEURISMUS VON OBEN

*Alan Posener*
# Der Jude als Fremder
Über die geistige Wiederaufrüstung des Antisemitismus

In seinem Bestseller *Mein Kampf* beschreibt Adolf Hitler, wie er zum Antisemiten wurde. In seiner Jugend, so Hitler, habe er keine judenfeindlichen Neigungen verspürt:»Linz besaß nur sehr wenig Juden. Im Laufe der Jahrhunderte hatte sich ihr Äußeres europäisiert und war menschlich geworden; ja, ich hielt sie sogar für Deutsche.« Diese Haltung sei bestärkt worden durch den fortschrittlichen Beamtenvater.

In Wien jedoch geht dem jungen Mann ein Licht auf:»Als ich einmal so durch die innere Stadt strich, stieß ich plötzlich auf eine Erscheinung in langem Kaftan mit schwarzen Locken. Ist dies auch ein Jude? war mein erster Gedanke. So sahen sie freilich in Linz nicht aus. Ich beobachtete den Mann verstohlen und vorsichtig, allein je länger ich in dieses fremde Gesicht starrte und forschend Zug um Zug prüfte, umso mehr wandelte sich in meinem Gehirn die erste Frage zu einer anderen Frage: Ist dies auch ein Deutscher?«[1]

Ob dieses Damaskus-Erlebnis tatsächlich so stattfand, bezweifeln zwar die Hitler-Biografen. Der Vater, wenden sie ein, dürfte keineswegs so liberal gewesen sein, wie ihn Hitler um des dramatischen Effekts willen beschreibt; Hitler selbst sei bereits in Linz als Antisemit bekannt gewesen. Dennoch hat seine Schilderung gerade wegen der wahn- und krankhaften Züge, die ihr anhaften, eine gewisse Plausibilität. So könnte es für ihn gewesen sein:»Wo immer ich ging, sah ich nun Juden, und je mehr ich sah, umso schärfer sonderten sie sich für das Auge von den anderen Menschen ab.«

Der »Kaftanjude« öffnet dem Hungerkünstler Hitler die Augen für das fremde Wesen »des Juden« schlechthin. Natürlich ist das logischer Unsinn. Die Erfahrungen aus Linz hätten ihm ja umgekehrt bezeugen können, dass aus jedem Kaftanjuden trotz der »schwarzen Locken« binnen einer Generation ein Kaffeehausliterat oder Kavallerieleutnant werden konnte, jedenfalls in der liberalen und multikulturellen Donaumonarchie. Aber die Judenphobie ist wie auch die Phobien gegenüber anderen »Fremden«, seien es Schwarze, Schwule, Muslime etc., immun gegen kognitive Dissonanz.

Die Anähnelung – nichts anderes bedeutet das Wort »Assimilation« – wird vom Fremden zwar verlangt, doch gilt die vollzogene Assimilation als Tarnung, Hinterlist, Lüge. Und je mehr die Assimilation gelungen ist, desto hinterhältiger und gefährlicher muss derjenige sein, der diese Tarnung angenommen hat. Man kann ohne allzu große Übertreibung sagen, dass die Juden in der postchristlichen europäischen Gesellschaft gerade deshalb so wütend verfolgt wurden, weil sie sich so gründlich angepasst haben. Das ist zwar nur ein Grund unter vielen, aber einer, dessen Lehren heutige Minderheiten – einschließlich der Juden – beherzigen sollten, wenn von ihnen die Annahme einer Leitkultur verlangt wird. Sie können es tun, und es gibt auch gute Gründe, Goethe und das Grundgesetz, Mülltrennung und Miniröcke, Kirchen und Katasterämter zu schätzen. Aber die Erfahrung der Juden seit der Aufklärung besagt: Deshalb hört man nicht auf, in den Augen der anderen ein Fremder zu sein.

Ich selbst stamme väterlicherseits aus einer durch und durch assimilierten deutsch-jüdischen Familie. Meine Großeltern, Moritz und Gertrud Posener, gingen zwar nicht so weit, aus Liebe zum Deutschtum sich taufen zu lassen, wie es etwa Victor Klemperer und viele andere Juden in der angeblich goldenen Zeit der »deutsch-jüdischen Symbiose« taten. Sie blieben das, was man im Kaiserreich »Trotzjuden« nannte: Menschen, die so lange und gerade deshalb an ihrer Identität festhalten wollten, wie und weil diese Identität angefeindet wurde. Aber sie hielten sich nicht an die Speisegesetze, ließen die drei Söhne nicht beschneiden und besuchten fast nie die Synagoge, feierten dafür Weihnachten als »deutsches Fest« (und »für das Personal«) mitsamt »O Tannenbaum« und »Heilige Nacht«, lasen zu Ostern den berühmten Spaziergang aus dem *Faust* und ließen – außer dass sie zwar deutschnational empfanden, aber deutschdemokratisch wählten, weil die Nationalen so antisemitisch waren – ihr Jüdischsein ihrem Deutschsein nicht im Wege stehen. Das Benutzen der in den 1920er-Jahren modisch gewordenen jiddischen Ausdrücke wie »Chuzpe« oder »Nebbich« war im Großelternhaus bei Strafe verboten. Die ganze Sippe war ja gerade deshalb zu Beginn des 20. Jahrhunderts aus dem Alten Westen Berlins in den Vorort Lichterfelde gezogen, weil dort nicht so viele Juden wohnten wie etwa in Zehlendorf.

Und dennoch behielten sie ein Gefühl für ihr Anderssein bei. »Da wir in Lichterfelde lebten, konnte es nicht ausbleiben, dass man uns unser Jüdischsein schmerzlich spüren ließ«, schreibt mein Vater in seiner Autobiografie. »Wir Posener-Kinder waren [...] die einzigen Juden in unseren jeweiligen Schulklassen und empfanden deutlich, dass die anderen Jungen sich von uns unterschieden. Unsere Eltern sagten uns, diese Andersartigkeit lasse sich leicht damit erklären, dass Juden aufgrund ihrer südlichen Herkunft früher entwickelt und, da sie zu einer Gemeinschaft gehörten, die seit Jahrtausenden die härteste intellektuelle Schulung genossen hatte, aufgeweckter, verständiger und intellektueller seien als die dummen Blonden, die uns umgaben. Wir akzeptierten dieses Argument und fanden es bestätigt. Mit der Liebe zu den Blonden ging eine leichte Verachtung ihrer Dummheit einher.«[2]

Mit anderen Worten: Auch diese deutschen Juden – durchaus angepasste, patriotische Bürger – akzeptierten die Prämisse, sie seien irgendwie anders als die Deutschen, und zwar in wesentlicher, beinahe ist man versucht zu sagen: rassischer, genetischer Hinsicht. Sie hätten allerdings entrüstet den Gedanken von sich gewiesen, der »Kaftanjude« bilde sozusagen die Rein- oder Urform des Juden; im Gegenteil. Selbst ich bin als Kind mit einer Abneigung gegen alles Ostjüdische, vom Klezmer bis zum Chassidismus, infiziert worden, die offensichtlich Familientradition war. Das ging so weit, dass die Familie meiner Großmutter – in der Theodor Fontane verehrt wurde – die Legende pflegte, aus dem Havelland zu stammen, obwohl deren Vorfahren ganz gewöhnliche Ostjuden aus Pommern waren.

Mein Vater war ehrlich genug, diese Abneigung – und seinen Widerwillen, als Mitglied des zionistischen Wandervereins »Blau-Weiß« mit Jungen Umgang zu haben, »deren dicke Lippen für meinen Geschmack zu feucht«, die »arrogant, laut und insgesamt unangenehm« waren – als das zu bezeichnen, was es war: Antisemitismus. Und er fügt hinzu: »Jüdischer Antisemitismus ist nichts Ungewöhnliches, ja, er ist sogar die Regel.«[3] Man darf annehmen, dass die Juden in dieser Hinsicht gar nicht so anders sind als andere Minderheiten: Das Urteil der Mehrheit wird, selbst dann, wenn man diese Mehrheit heimlich verachtet, denn doch internalisiert und gegen andere gewendet: »[…] wir selbst waren ja keine Juden, sondern die Poseners, die Oppenheims und die Oppenheimers.«[4]

Wie sehr aber muss sich mein Vater erschrocken haben, als er diesen Antisemitismus in seinem eigenen Sohn wiederfand. »Es gibt in der Klasse einen jüdischen Jungen namens P. C. Lithman«, schrieb ich ihm als Elfjähriger aus meinem englischen Internat. »Er ist ein Halbstarker und ein Feigling. Außerdem ist er sehr dumm. Er hat keine Freunde und verdient auch keine. Er ist unordentlich und betet Elvis Presley an.« Im nächsten Brief schrieb ich, in widerwilliger Anerkennung: »Der Junge, den wir nicht mögen, Lithman, spielt ziemlich gut Gitarre.« Er wurde später als »Snakefinger« ein bekannter Bluesgitarrist und starb – ausgerechnet! – in Hitlers Lieblingsstadt Linz. Ich schrieb zu der Zeit an einer Biografie Elvis Presleys. Aber das nur nebenbei.

»Die Hölle, das sind die Anderen«, heißt es bei Jean-Paul Sartre in *Huis clos*; und die Juden, die sind – auch für Juden – die Anderen. So findet man gerade unter Juden besonders lautstarke, erbitterte und unfaire Kritiker des Staates Israel. Es versteht sich aber beinahe von selbst, dass auch solche Juden, die – sei es als Zionisten, sei es als Religiöse – ihre Identität betonen, sich in ihrer Verachtung gegenüber anderen, etwa assimilierten Diasporajuden, zuweilen antisemitischer Klischees bedienen. Ganz zu schweigen vom gegenseitigen Hass zwischen weltlichen Israelis und den Orthodoxen von Mea Shearim. Diese Verwirrung ist aber nichts spezifisch Jüdisches. Die schwule Homophobie ist gut dokumentiert, ebenso wie die weibliche Misogynie; man spricht zu Unrecht von schwulem oder weiblichem oder jüdischem – oder deutschem –»Selbsthass«, weil der Hassende sich gerade durch seinen Hass vom Kollektiv distanziert. Ähnliches gilt für jene Muslime, die im Westen oft als Kronzeugen wider ihre eigene Religion und Kultur zitiert werden. Sie akzeptieren die Klischees der Islamhasser, wenden sie aber nicht auf sich, sondern eben auf die anderen an.

Man könne das Fremde nicht akzeptieren, wenn man das Eigene nicht liebe, heißt es apologetisch bei Anhängern einer »selbstbewussten Nation« oder einer »deutschen Leitkultur«. Jedoch sind das Fremde und das Eigene reine Konstrukte. Der Hass auf das Fremde ist ja nirgends stärker als dort, wo die Unterschiede von außen kaum sichtbar sind, man denke etwa an Protestanten und Katholiken in Nordirland; am tiefsten und unversöhnlichsten natürlich innerhalb der Familie. So bleibt die Aufforderung zur Selbstliebe eine Nötigung zur Identifikation mit einem künstlichen Kollektiv, die sich nur als Hass auf das vermeintlich Fremde realisieren kann.

Das Paradebeispiel für diese Nötigung – als Selbstnötigung – ist Ernst Lissauer, einst gefeierter, heute vergessener Dichter des »Hassgesangs gegen England«. Das Gedicht erschien 1914 und »fiel wie eine Bombe in ein Munitionsdepot«, wie Stefan Zweig in seinen Memoiren schrieb: »Nie vielleicht hat ein Gedicht in Deutschland, selbst die ›Wacht am Rhein‹ nicht, so rasch die Runde gemacht […]. Der Kaiser war begeistert und verlieh Lissauer den Roten Adlerorden, man druckte das Gedicht in allen Zeitungen nach, die Lehrer lasen es den Kindern vor, die Offiziere traten vor die Front und rezitierten es den Soldaten […]; unter den siebzig Millionen Deutschen gab es bald keinen einzigen Menschen mehr, der den ›Haßgesang gegen England‹ nicht von der ersten bis zur letzten Zeile kannte […].«[5]

Lissauer war der Sohn eines assimilierten jüdischen Seidenhändlers. Im Vaterhaus durfte »in der Gegenwart junger Mädchen« nicht einmal das Wort »Jude« verwendet werden; man sprach stattdessen von »Assyrern« oder »Armeniern«. Für Juden sei nur »zweierlei möglich«, schrieb Lissauer 1912: »[…] entweder auswandern oder: deutsch werden. Dann aber: sich eingraben, einwurzeln mit aller Kraft, mit allen Adern, allen Muskeln sich zum Deutschen erziehen […].« Zionismus also oder Assimilation, die als ein Prozess der Selbsterziehung begriffen wird, wie natürlich auch der Zionismus von seinen Protagonisten als Prozess der Selbstumerziehung des Gettojuden und Assimilanten zum selbstbewussten »Hebräer« begriffen wurde.[6]

Im »Hassgesang« heißt es: »Was schiert uns Russe und Franzos? / Schuss wider Schuss und Stoß um Stoß! / Wir lieben sie nicht, / Wir hassen sie nicht.« Denn: »Wir haben nur einen einzigen Hass. / Wir lieben vereint, wir hassen vereint, / Wir haben nur einen einzigen Feind.« Der »sitzt geduckt hinter der grauen Flut / Voll Neid, voll Mut, voll Schläue, voll List.« Seine wichtigste Waffe sei das Geld: »Nimm du die Völker der Erde in Sold, / Baue Wälle aus Barren von Gold, / Bedecke die Meerflut mit Bug bei Bug, / Du rechnetest klug, doch nicht klug genug.« Denn Deutschland werde durch den Hass geeint: »Hass zu Wasser und Hass zu Land, / Hass des Hauptes und Hass der Hand, / Hass der Hämmer und Hass der Kronen, / Drosselnder Hass von siebzig Millionen: / Sie lieben vereint, sie hassen vereint. / Sie haben alle nur einen Feind: England.«[7]

Es fällt sofort auf, dass Lissauer dem Weltfeind England alles andichtet, was die deutschen Antisemiten dem Weltjudentum andichteten: Mit Schläue und List würden die Völker der Erde »in Sold genommen« gegen das mit »Haupt und Hand«, Krone und Hammer ehrlich kämpfende Germanentum. Viele Juden glaubten, im Hass gegen das perfide Albion werde der deutsche Antisemitismus auf- und damit untergehen. (So wie manche Juden heute glauben, im Hass gegen den Islam würden der europäische Antisemitismus und Antizionismus untergehen.) Nicht zufällig gehörte der überassimilierte Victor Klemperer zu jenen, die meinten, Lissauer habe die allgemeine Stimmung jener Tage – und Klemperers eigene Gefühle – wiedergegeben.

Gemäß der Regel jedoch, dass die geglückte Assimilation den Antisemiten nur wütender macht, reagierte gerade die antisemitische Rechte negativ auf Lissauers Gedicht. Nicht dass man Lissauer den Hass auf England nicht abgenommen hätte. Im Gegenteil. Der intellektuelle Kopf der völkischen Rechten, Houston Stewart Chamberlain, giftete:»Lissauer entstammt einem Volke, das von jeher den Hass als Haupteigenschaft großgezogen hat.« Womit er nicht die Deutschen, sondern das »jüdische Volk« meinte. Das antisemitische Blatt *Hammer* kritisierte Lissauers »undeutsche Verse-Macherei« und schrieb:»Was den Ausdruck eines fanatischen Hasses anbelangt, so kann Herrn Lissauer das Talent hierzu nicht bestritten werden, wie ja seine Rasse in dieser Hinsicht überhaupt hervorragend begabt ist. Befremden muss es dabei, dass Herr Lissauer den Engländern gewisse Eigenschaften zum Vorwurf macht, die auch einer anderen Rasse ganz besonders eigen sind, so zum Beispiel den Krämergeist und die Geldgier.«[8]

In den oberen Rängen des Heeres ebenso wie bei den gemeinen Soldaten blieb Lissauers Gedicht jedoch beliebt. 1917 bestellte ihn General Hans von Seeckt zum Propagandisten und lobte den Dichter,»der im ›Hassgesang‹ unserm Denken aus der Frühlingszeit dieses Krieges unsterblichen Ausdruck gab«. Den deutschen Zusammenbruch erlebte Lissauer im Pressereferat des Kriegsministeriums. In den Nachkriegswirren klagte er im Gedicht »Um Deutschland«:»Ist uns kein Führer gesendet? / Geht ein Volk dahin wie das Gras? / Wacht auf! Deutschland verendet, / Am Rande der Geschichte, ein Aas, – / Kommt kein Retter alsbald, / Von Gram hochgewühlt, / Der aufbirst in Gewalt, / Einer der fühlt und befiehlt.«[9]

Nun, der ersehnte Führer kam und befahl die Judenverfolgung. Da lebte Lissauer zwar längst in Wien, jedoch war er auch dort nicht vor den Nachstellungen der Nazis sicher. Im November 1933 wurde Lissauer zusammen mit mehreren »deutschfeindlichen Schriftstellern« auf Betreiben des Dichters Will Vesper aus dem Wiener PEN-Klub für deutsche Schriftsteller ausgeschlossen. Er, der 20 Jahre zuvor gemeint hatte, als Jude müsse man sich »zum Deutschen erziehen«, schrieb nun in seinem Tagebuch: »So leidenschaftlich ich Deutschland lieben muss, so würde ich, nach dem Vorgefallenen, mein Deutschtum ablegen, wenn ich es könnte, und ganz und gar Jude werden.« Er spüre »den gelben Fleck auf meinem Rock; er tritt wie ein seelischer Aussatz immer hervor.« Zwar habe er sich nie als jüdischen Dichter empfunden, aber »sie fühlen mich trotz allem als den Juden. Sie gehören zusammen, ich gehöre nicht mehr dazu.«[10]

Freilich durfte er auch nicht zu den Juden gehören. Keiner der deutschen Exilverlage, keine Exilzeitschrift wollte seine Werke drucken, und er wurde zu keinem der Kongresse deutscher Exilanten eingeladen. Stefan Zweig, selbst Jude, schrieb mit Worten, in denen wiederum antisemitische Klischees anklingen: »Dieser feiste, verblendete kleine Jude Lissauer nahm das Beispiel Hitlers voraus.«[11] In einem Gedicht aus dieser Zeit beschreibt sich Lissauer als einen Aussätzigen, der mit einer Klapper vor seiner Krankheit warnen muss: »O Volk, mein Volk! Welch Volk ist denn nun mein? / Wie eine Kiepe voll Geschichtsgestein / Schleppe ich zweier Völker Last. / Dem Deutschen Jude, deutsch getarnt, / Dem Juden deutsch, treulos an Israel, – / Hört ihr die Klapper, welch weithin warnt? / Aussätzig von der beiden Völker Fehl! / Dumpf um mich bläst Jahrhundertwind, / Ich kauere hoch am Zeitenpass / Und kratze mir den grauen Grind / Der Weltgeschichte, siech von Völkerhass.«[12]

Nach dem Holocaust ist der Antisemitismus in Westeuropa nicht mehr salonfähig. Selbst die Holocaustleugnung ist in Deutschland strafbar, obwohl es nicht strafbar ist, die Tatsache zu leugnen, dass die Erde eine Kugel ist. Man könnte oberflächlich meinen, der Antisemitismus sei in Deutschland eine Erscheinung der Vergangenheit. Zumal es hier nach 1945 so gut wie gar keine Juden gab. Der Meinung war ich, der ich ja selbst einige antisemitische Vorurteile internalisiert hatte, meine ganze Jugendzeit hindurch. Und das, obwohl mir schon auf der deutschen Reformschule, die ich nach dem britischen Internat besuchte, ein – mir sehr gewogener – Geschichtslehrer sagte: Dass die Juden Ferment der Dekomposition seien, wie das Theodor Mommsen behauptete, könne man kaum bestreiten. Das müsse ich auch nicht als persönlichen Angriff interpretieren, das könne man ja auch positiv begreifen. Schließlich sei nach Goethes Mephisto alles, was entsteht, wert, dass es zugrunde geht. An mir – dem langhaarigen, antiautoritären Anhänger der Studentenbewegung und der »Counterculture« – könne man das Phänomen geradezu beispielhaft studieren.

Tatsächlich galt das, was man hierzulande unter dem Begriff »68« subsumiert, außerhalb Deutschlands – in den USA, Frankreich und Polen etwa – der Reaktion als jüdische Verschwörung. Der internationale Charakter der Studentenbewegung schien Mommsens Diktum zu bestätigen, seit dem Altertum sei das Judentum »ein wirksames Ferment des Kosmopolitismus und der nationalen Dekomposition« gewesen. In Polen reagierte man auf die Unruhen mit einer offen antisemitischen Kampagne gegen den Kosmopolitismus und Zionismus. In Frankreich wurde der Studentenführer Daniel Cohn-Bendit als Jude diffamiert: »Frankreich den Franzosen!« und: »Cohn-Bendit ab nach Dachau!«, riefen in Paris gaullistische Gegendemonstranten im Mai 1968. Nach einem Besuch in Berlin erhielt der deutsche Staatsbürger »Dany le rouge« in seiner französischen Wahlheimat Einreiseverbot.

In Deutschland hatte »68« allerdings von vornherein einen anderen Charakter, was mit dem Fehlen einer nennenswerten jüdischen Intelligenz ebenso zusammenhing wie mit der Tatsache, dass im besetzten Land die nationale Frage noch offen und das antiwestliche Ressentiment allenfalls verdrängt, nie überwunden worden war. Zwar pflegen die deutschen »68er« – meine Generation – bis heute die Legende, erst sie hätten mit der Frage an die Väter, was sie denn im Dritten Reich getrieben hätten, die Diskussion um den Antisemitismus in Deutschland in Gang gesetzt. Jedoch war die Frage in erster Line denunziatorisch gemeint; sie sollte die Eltern- und Lehrergeneration durch Assoziation mit dem Dritten Reich *in toto* delegitimieren, nicht die Väter und Mütter im Einzelnen zwingen, sich mit ihrem Tun und Denken auseinanderzusetzen. Außerdem richtete sich die Kritik gegen das

Mitmachen bei einem als »Faschismus« falsch verstandenen und darum unzureichend kritisierten System nicht speziell gegen den Antisemitismus. Bis heute bin ich kaum einem Deutschen begegnet, dessen Vater oder Großvater auch oder gerade als Nazi nicht mindestens einen Juden gerettet hat. In einer viel gelesenen Schrift kritisierte Wolfgang Fritz Haug 1967 den »hilflosen Antifaschismus« der akademischen Elite, die noch in der emphatischen Distanzierung vom Nationalsozialismus sich der Begrifflichkeit der Nazis bediente. Ähnlich war es jedoch mit der Kritik der 68er am Antisemitismus.

So konnte es kommen, dass ein Dieter Kunzelmann den deutschen »Judenknax« für die fehlende revolutionäre Entschiedenheit der Linken verantwortlich machte: »Palestina [sic] ist für die BRD und Europa das, was für die Amis Vietnam ist«, schrieb er im November 1969 in seinem »Brief aus Amman« zur Rechtfertigung des Bombenanschlags der Stadtguerilla auf das Jüdische Gemeindehaus in West-Berlin. »Die Linken haben das noch nicht begriffen. Warum? Der Judenknax.« Das schlechte Gewissen und der Antifaschismus hätten bei der Linken zu einem hinderlichen Philosemitismus geführt: »Wenn wir endlich gelernt haben, die faschistische Ideologie ›Zionismus‹ zu begreifen, werden wir nicht mehr zögern, unseren simplen Philosemitismus zu ersetzen durch eindeutige Solidarität mit AL FATAH, die im Nahen Osten den Kampf gegen das Dritte Reich von Gestern und Heute und seine Folgen aufgenommen hat.«[13]

Es ist schon atemberaubend, wie schnell der »antifaschistische« Kampf hier umschlägt in die Forderung, das Werk der Nationalsozialisten fortzusetzen und die Israelis, wie es die Fatah damals wollte, »ins Meer zu werfen«. Dabei ist nicht die Tatsache, dass Kunzelmann Antisemit war, das Problem; sondern dass seine Argumentation in der Linken Schule machte. Bis heute ist der Antizionismus, wenn auch in milderer Form, als illegitimes Kind dieser Umwertung der Werte innerhalb der Linken salonfähig, während Kunzelmann als »Clown« der Bewegung zum Liebling der verbürgerlichten Protestler von einst avancierte. Und auch ich muss zugeben, dass ich nicht durch den – gescheiterten – Bombenanschlag auf das Gemeindehaus, sondern erst durch die Nachforschungen Wolfgang Kraushaars darüber, Jahrzehnte danach, auf diese Seite Kunzelmanns aufmerksam wurde, dem ich das erste Mal 1966 oder 1967 im Polizeigewahrsam nach einer Vietnam-Demonstration begegnete. Damals wollte er uns zum Hippietum bekehren: Wir sollten bei der nächsten Demo den Polizisten Blumen schenken. Wäre er nur dabei geblieben.

Was der Kaftanjude für Hitler war, wurde Israel nach 1967 für große Teile der deutschen Linken. War bis dahin »der Jude« allenfalls als versöhnlicher Rabbi schmückendes Beiwerk bei Gedenkveranstaltungen der »Gesellschaft für christlich-jüdische Zusammenarbeit« oder aufdringlicher Bettler der »Claims Conference«, dem man augenrollend etwas vom geraubten Gut gnädig wieder herausrückte, erschien er in Gestalt Israels plötzlich wieder in jener »alttestamentarischen« Rächergestalt, als die ihn die Nazis in den letzten Kriegstagen gemalt hatten. Viele Deutsche, die sich durchaus nicht als Antisemiten begreifen, mit ehrlichem Entsetzen über den Holocaust reden und jeglichen Rassismus verabscheuen, bedienen sich, wenn es um Israel geht, in aller Unschuld der alten Bilder vom rachsüchtigen und zugleich geschäftstüchtigen, die Welt mithilfe ihrer Lobby manipulierenden Juden. Im fremden Israeli nimmt der vertraute Jude sozusagen erkennbare Gestalt an. Auch für viele Juden übrigens. Der heutige jüdische Antizionismus entspricht der früheren Abneigung der assimilierten Juden gegenüber den Ostjuden. Und ich erwische mich beim Schreiben eines antisemitischen Satzes: Jüdischer Antizionist sein ist für manche Publizisten sogar ein lohnendes Geschäftsmodell.

Was man nicht weiß (oder wissen will), sieht man nicht. Ist man aber erst sensibilisiert für den Alltagsantisemitismus, läuft man Gefahr, überall Antisemiten zu sehen, wie Hitler nach seinem Wiener Erlebnis überall Juden sah. Der nette Kellner beim Griechen lobt seine Heimatstadt Saloniki, insbesondere die schöne Promenade, »wo allerdings die besten Grundstücke den Juden gehören, wie überall in der Welt«. Der serbische Reiseführer wiederholt die üblichen Vorwürfe gegen die Amerikaner, korrigiert sich aber: Man wisse, sagt er mit Verständnis erheischendem Lächeln, dass nicht einmal der US-Präsident so handeln könne, wie er wolle, wenn Rothschild dagegen sei. Der deutsche Student am Büchertisch der BüSo verweist auf Bilderberg und Goldman Sachs: Wer beherrscht die Welt? Das wisse doch jeder. Ein bekannter und als halbwegs seriös geltender Politiker der »Alternative für Deutschland« schreibt mir, ich könne die Befindlichkeit der Deutschen nicht begreifen, da meine jüdische Familie ja zu den »Siegern« gehöre. Am Nebentisch bei Borchardts unterhalten sich zwei Immobilienmakler: »Bei dem wird die Verhandlung schwierig, er ist Jude«, sagt einer, der andere nickt verständnisvoll. Der linksliberale Verleger und Kulturpolitiker lobt beim Kaffee im Literaturhaus die Juden, weil sie »anders als die Deutschen immer zusammenhalten«. Der Reiseschriftsteller kann den »schmierigen« Michel Friedman nicht leiden. Bei ihm könne man verstehen, weshalb die Leute Antisemiten würden. Der befreundete Psychotherapeut meint, es sei nun einmal Tatsache, dass die Juden nach dem Motto handelten »Auge um Auge, Zahn um Zahn«, anders als die Christen, was man ja an Israel sehe. Freunde unterhalten sich über die Elternschaft in der Schule ihrer Tochter, besonders über einen Vater, »steinreicher Promi-Arzt, Jude eben, und der Sohn entsprechend schwierig«. Und so weiter und so fort. Bei vielen Freunden und Bekannten meiden meine Frau und ich nach Möglichkeit das Thema Israel oder Juden. Wir wollen lieber nicht wissen, was diese wirklich lieben Menschen wirklich denken – oder wie es in ihnen denkt.

Da der Jude der Inbegriff des Fremden bleibt, kann es nicht ausbleiben, dass er jetzt, da so viele Fremde wie noch nie seit den 13 Millionen Sklavenarbeitern des Zweiten Weltkrieges nach Deutschland strömen, wieder durch den Diskurs der Deutschen geistert. Thilo Sarrazin gebührt ja das Verdienst, diesen Diskurs auf die Ebene pseudowissenschaftlicher Eugenik herabgezerrt zu haben, und so verwundert es nicht, dass er fast zwanghaft immer wieder auf die Juden zu sprechen kommt, auch wenn es ihm um die deutsche Unterschicht und deren muslimische Bestandteile geht.

Bereits im Interview mit der linken Zeitschrift *Lettre*, wo Sarrazin den Muslimen vorwarf, sie wollten Deutschland erobern, so wie die muslimischen Albaner das christlich-serbische Kosovo erobert hätten, kam der frühere Bundesbanker und Berliner Finanzsenator unvermittelt auf die Juden zu reden. Er sei, so Sarrazin, nicht per se gegen Zuwanderung. So hätte er nichts gegen die Zuwanderung von Ostjuden, die ja intelligenter als die deutsche Bevölkerung gewesen seien und darum binnen einer Generation das gesamte deutsche Bankenwesen kontrolliert hätten.[14]

In dem nach der Aufregung um das *Lettre*-Interview geschriebenen Buch *Deutschland schafft sich ab* kommt Sarrazin auf die angebliche Vererbbarkeit von Intelligenz zu sprechen. Es geht um die Begründung seiner These, dass die Nachkommen von muslimischen Gemüsehändlern und deutschen Hartz-IV-Empfängern tendenziell dümmer seien als die Nachkommen von Bundesbankern. Und wieder müssen die Juden als Exempel herhalten. Juden seien alle Berufe außer denen des Gelehrten und des Geldwechslers versperrt gewesen, und aufgrund dieses »Selektionsdrucks« seien sie besonders intelligent geworden.[15]

In einem Interview der *Welt am Sonntag* schließlich sprach Sarrazin vom »Nationalcharakter« der Völker, den man nicht durch Zuwanderung verändern sollte. Und auch in diesem Zusammenhang kam er unvermittelt auf die Juden zu sprechen, die »alle ein gemeinsames Gen« teilten, das, so die Implikation, ihnen ebenfalls einen besonderen Charakter verleihe.[16]

Der Sozialdemokrat Sarrazin hält sich für einen Philosemiten; das tun viele Islamhasser. Aber seine scheinbar philosemitischen Äußerungen sind Ausdruck eines klassischen Antisemitismus, der auf die Aussonderung des Juden als Fremden zielen. Auf der Ebene des »Nationalcharakters« zum Beispiel, sofern man den Begriff überhaupt akzeptiert, sind französische Juden Franzosen, britische Juden Briten, deutsche Juden Deutsche usw. Was freilich die Reaktionäre aller Länder immer wieder geleugnet haben. Diese Leugnung nennt man Antisemitismus.

Es gab auch nie einen »Selektionsdruck«, der aus Ostjuden lauter Intelligenzbestien machte. Der »Selektionsdruck« erklärt die Entstehung neuer Arten, indem Individuen mit bestimmten genetischen Veränderungen – Mutationen – einen Überlebens- und Reproduktionsvorteil gegenüber Individuen ohne diese Mutation haben. Ganz abgesehen davon, dass es in Osteuropa vor dem deutschen Massenmord keineswegs nur oder hauptsächlich jüdische Gelehrte und Geldwechsler, sondern auch jüdische Arbeiter, Handwerker, Bauern, Kneipenwirte und Wunderrabbis gab, unterstellt der Begriff »Selektionsdruck«, aus den Juden sei durch Mutation eine andere Art Mensch hervorgegangen. Diese Behauptung nennt man Antisemitismus.

Demgemäß ist auch die Behauptung, »die ostjüdischen Zuwanderer« seien intelligenter als ihre »Wirtsvölker« (wie man sie damals nannte, obwohl sie keineswegs sehr wirtlich waren), ausgemachter Blödsinn. Selbst wenn das im Durchschnitt nachweisbar gewesen wäre (und dazu fehlte damals jede wissenschaftliche und statistische Grundlage), würde das gar nichts besagen. Auswanderer sind oft intelligenter und vor allem unternehmungslustiger als jene, die zu Hause bleiben, egal wo. Freilich gehört auch die Mär vom »schlauen Juden« zum Arsenal der Antisemiten. Der durchtriebene Jude sei eben intelligenter als der naive Volksgenosse, und eben deshalb – und weil ihm das christliche Mitgefühl fehle – sei er gefährlich.

Obwohl Sarrazin antisemitische Ansichten zusammen mit seinen sonstigen Thesen transportiert, stellt er keinen Zusammenhang zwischen dem Antisemitismus und der Islamophobie her. Weiter rechts wird der Zusammenhang offen ausgesprochen. So behauptete bei einem »Kolleg« des gemeinnützigen Leipziger »Instituts für Staatspolitik« über »Meinungsfreiheit in Deutschland« dessen Gründer Karlheinz Weißmann, »der US-amerikanische Medientheoretiker Walter Lippmann« sei »maßgeblicher Mit-Architekt der ›Re-Education‹ der Deutschen nach dem Zweiten Weltkrieg« gewesen. Der Zusammenhang sei »keine Nebensache«, so Weißmann. Denn »die aktuellen Meinungstabus« – das angebliche Verbot der Kritik an der Zuwanderung, an der Europäischen

Union, an Homosexuellen und »Genderwahn« etc. – seien »im Grunde auf einen einzigen Nenner zu bringen: Sie kreisen allesamt um die Formulierung eines nationalen Eigeninteresses, und ihr Ziel ist es, dieses zu beschränken, zu delegitimieren und letztlich aufzulösen. Sie gehen direkt auf die Prämissen der alliierten Umerziehungszeit (in Ost und West) zurück.«[17] Weißmann, der neben dem Mitbegründer des Instituts für Staatspolitik Götz Kubitschek als führender intellektueller Kopf der Neuen Rechten gilt, nannte nicht zufällig den jüdischen Publizisten Walter Lippmann. Das unterschwellige, meist nur durch solche wie geheime Code-Wörter hingeworfene Namen aktivierte Ressentiment lautet, dass die Autoren jener Re-Education vor allem Juden gewesen seien, die zur Festigung ihres deutschfeindlichen Werks das Frankfurter Institut für Sozialforschung gründeten, aus dem dann die Impulse für 1968, die Zerstörung der Moral und der Familie, die Verteufelung des Nationalen, die Befürwortung von Zuwanderung und Multikulturalismus hervorgingen. (Dass mit der Formulierung der »alliierten Umerziehung in Ost und West« das alte Feindbild der gegen das Ariertum verbündeten »Kreml- und Wall-Street-Juden« beschworen wird, sei nur nebenbei angemerkt.) Der Jude ist also der Fremde, der das Fremde ins Land holt. Hitler erblickte den Kaftanjuden und sah fortan überall Juden; die Neue Rechte erblickt semitische Flüchtlinge und sieht dahinter überall den Juden am Werk. Es wäre fast komisch, wenn es nicht so traurig wäre.

# Anmerkungen

1 Adolf Hitler: *Mein Kampf*. München 1934, S. 59 f.

2 Julius Posener: *Heimliche Erinnerungen*. Berlin 2004, S. 113.

3 Ebd. S. 120.

4 Ebd.

5 Stefan Zweig: *Die Welt von gestern*. Stockholm 1944, Kindle Edition Pos. 3381.

6 Zu Lissauer siehe Elisabeth Albanis: *Jewish Cultural Identity from 1900 to the Aftermath of the First World War*. Tübingen 2002; und Ulrich Sieg: *Jüdische Intellektuelle im Ersten Weltkrieg*. Berlin 2001; außerdem den Eintrag »Ernst Lissauer« in Band 16 des *Lexikons deutsch-jüdischer Autoren*, Berlin 2008.

7 Ernst Lissauer: »Hassgesang gegen England«. In: Ders.: *Worte in die Zeit. Flugblätter*. Göttingen 1914. Als Online-Medium der Deutschen Nationalbibliothek hier einsehbar: https://portal. dnb.de/bookviewer/view/1034441086#page/1/mode/1up

8 Vgl. Endnote 6.

9 *Vossische Zeitung* vom 29.11.1918, vgl. Endnote 6.

10 Vgl. Albanis 2002.

11 Zweig 1944.

12 Ernst Lissauer: »O Volk, mein Volk!« In: Ders.: *Zeitenwende. Gedichte 1932–36*. Wien 1936.

13 *Agit 883*, 27. 11.1969; http://plakat.nadir.org/883/ausgaben/agit883_42_27_11_1969.pdf

14 »Klasse statt Masse«. In: *Lettre International* Heft 086, Herbst 2009. https://www.lettre.de/con tent/frank-berberich_klasse-statt-masse

15 Thilo Sarrazin: *Deutschland schafft sich ab*. München 2010, S. 95.

16 »Mögen Sie keine Türken, Herr Sarrazin?« In: *Welt am Sonntag* vom 29.08.2010. http://www. welt.de/politik/deutschland/article9255898/Moegen-Sie-keine-Tuerken-Herr-Sarrazin.html

17 19. Berliner Kolleg des Instituts für Staatspolitik. Bericht in der »Sezession« online, 30. November 2011: http://www.sezession.de/29032/meinungsfreiheit-in-deutschland.html

*Armin Nassehi*
# Vertraute Fremde
Eine Apologie der Weltfremdheit

Was wäre eigentlich, wenn wir uns gar nicht fremd wären? Was wäre, wenn wir einen unmittelbaren Zugang zueinander hätten? Was wäre, wenn uns das, was in anderen Köpfen vorgeht, wirklich transparent wäre? Wäre es nicht endlich das, wonach sich alle sehnen? Wäre das nicht die Art von Gemeinschaft, in der wir uns nicht nur authentisch zeigen müssten, sondern in der sich unsere Authentizität tatsächlich zeigt? Wäre es nicht die Erfüllung der Verheißung, dass wir auch für die Anderen wirklich die wären, die wir sind? Wäre es nicht das Ende aller Missverständnisse? Wäre damit nicht endlich die Voraussetzung für die Versöhnung zwischen den Menschen gegeben?

Nein, es wäre die Hölle! Es wäre die völlige Gleichschaltung der Menschen. Es wäre dies auch das Ende aller Innovation und Überraschung. Es wäre auch das Ende allen Denkens, denn damit eine solche Gesellschaft funktionieren könnte, müsste sie das, was in unseren Köpfen vorgeht, genauso einschränken wie das, was wir sagen. Es gehört zu den entscheidenden Sozialisationserfahrungen von Kindern, am eigenen Sprechen zu erfahren, dass es zwischen Sagen und Denken, zwischen Sagen und Meinen, zwischen Innen- und Außenwelt einen unüberbrückbaren Unterschied gibt. Man kann erst denken, wenn man mitdenkt, dass das Gedachte nicht zugleich gesagt ist, und man kann am Sagen mittesten, dass es gelingt, etwas anderes zu sagen, als man meint – und dass dieser Unterschied permanent mitgetestet werden muss, um sich zu positionieren, vor Eltern, Geschwistern, Spielkameraden, später in der Schule vor Lehrern, bei denen man vor allem lernt, dass es richtige

Sätze gibt, die sich von denen, die im Kopf sonst so herumschwirren, unterscheiden. Auch die Lüge ist eine evolutionäre Errungenschaft. Denn nur wo diese Differenz zwischen Sagen und Meinen oder Wissen mitläuft, kann ich den Anderen belügen. Und auch nur dann kann ich ihm die Wahrheit sagen, weil die Wahrheit nur dann als solche erscheint, wenn man auch das Gegenteil sagen könnte. Deshalb sagen unsere vegetativen Äußerungen auch nicht die Wahrheit, weil sie nicht lügen können. Eine Welt ohne Lüge oder ohne ihre Möglichkeit wäre die Hölle. Stellen wir uns eine ganz einfache Situation vor. Ich stehe morgens, bevor ich die U-Bahn besteige, beim Bäcker in einer Schlange, um mir eine Butterbreze zu kaufen, die ich in der U-Bahn zu verspeisen gedenke. Ich schweige in einer solchen Schlange normalerweise, und die Anderen schweigen auch, es sei denn, sie sind mit Bekannten in der Schlange, oder sie sind dran und sagen der freundlichen Bäckereifachverkäuferin, ob sie eine Butterbreze oder lieber eine Leberkässemmel haben möchten (eine Münchner Szene, wie ersichtlich). Die Handlungen der Schlangensteher, des Personals und von Leuten, die irgendwie vorbeiwollen oder ganz etwas anderes tun, erfolgen ohne großen Aufwand. Und diese Art sparsamer Aufwand ist es, der es uns ermöglicht, in komplexen, vernetzten Großstädten zivilisiert miteinander umzugehen. Denn es geht so weiter. Sobald ich meine Butterbreze habe, gehe ich in die U-Bahn, setze mich dort hin, versuche, das Gebäck zu essen, ohne mich mit der Butter zu beschmieren (was schwierig ist), und beobachte, wie mich andere beobachten. Es wird nicht gesprochen, der Aufwand ist gering, und wenn es hoch kommt, grinst jemand, wenn ich es doch nicht geschafft habe und mir aufwendig den Finger ablecken muss oder umständlich die Serviette von der Breze nehme, um mir den Finger zu reinigen. Vielleicht macht der Andere einen Scherz darüber, aber es ist erwartbar, dass die Toleranz für den Anderen schon deswegen relativ groß ist, weil jede Äußerung sich dem Risiko der Äußerungen anderer aussetzt. Selbst wenn man in der Bäckerschlange oder hinterher in der U-Bahn Kontakt mit jemandem aufnehmen möchte, etwa zu flirten versucht oder auch nur eine freundliche Reaktion provozieren möchte, geschieht das letztlich in einem Rahmen, der es üblicherweise erlaubt, dass man sich weitgehend in Ruhe lässt.

Jedenfalls ist solches normales Alltagsverhalten geradezu konstitutiv von einem gewissen Fremdheitslevel abhängig – und ich meine damit nicht die Tatsache, dass wir im großstädtischen Alltag daran gewöhnt sind, mit Menschen umzugehen, die wir nicht kennen, und uns zivilisiert zu verhalten, auch wenn uns nicht passt, was wir sehen. Ich meine damit vielmehr eine geradezu körperlich konstituierte, man könnte sagen: biologisch-materielle Fremdheit, die so etwas wie ein soziales Leben erst ermöglicht. Ich meine damit schlicht, dass das andere Bewusstsein, der andere Kopf, der Bewusstseinsstrom des Anderen schlicht unerreichbar ist für uns. Es mag banal sein, so etwas Selbstverständliches eigens zu betonen, aber es könnte dabei helfen, etwas über Fremdheit zu erfahren. Wir bleiben uns stets fremd, weil wir nicht in den Kopf der Anderen hineinschauen können. Man kann nicht sehen, was der Andere denkt!

## Die Hölle der Transparenz

Vielleicht ist es ganz attraktiv, sich die Welt einmal anders vorzustellen. Was wäre, wenn ich in der Schlange beim Bäcker alles, was die Anderen gerade denken, sehen könnte? Oder in der U-Bahn? Das würde sich jedenfalls entweder auf die soziale Ordnung auswirken oder aber auf unsere Psyche. Es wären also zwei funktionale Folgen möglich: Entweder wäre es außerordentlich riskant, eine Breze kaufen zu gehen oder eine U-Bahn zu benutzen, denn auf einmal könnten und müssten die Anderen nicht nur an das anschließen, was ich sage oder was irgendwie sichtbar ist, sondern auch an das, was in meinem Kopf geschieht – und ich müsste das auch. Ich kann mir gut vorstellen, dass dann vieles sichtbar würde, was man nicht gerne sähe. Soziale Ordnung würde noch komplizierter, als sie schon ist. Sie müsste noch viel mehr verarbeiten als ohnehin schon. Sie müsste mit Informationen umgehen, die Handlungskoordination dort, wo es vor allem der Verzicht auf Informationen ist, der Ordnung ermöglicht, geradezu unmöglich machen.

Ein anderer Effekt könnte der sein, dass unsere Psyche noch nervöser sein müsste, als sie schon ist – nervös in dem Sinne, dass sie sich selbst einschränken muss, um sozialverträglich zu sein. Man könnte zum Beispiel nicht mehr bewusst verschweigen, was einem am Anderen gefällt oder nicht gefällt, weil das Verschweigen eine Information wäre. Das heißt, die Psyche müsste sich so sehr selbst einschränken, dass sie all das, was sie üblicherweise tut, nicht mehr könnte. Neurotisch zu sein, wäre ihre einzige Überlebensgarantie. Die Psyche müsste gewissermaßen vollständig intentional an das aktuelle Kommunikationsgeschehen angekoppelt werden. Das hätte zur Folge, dass es zwischen der denkenden Innenwelt und der kommunikativen Außenwelt gar keinen Unterschied mehr gäbe. Man müsste die Psyche gewissermaßen kurzschließen, disziplinieren, vorstrukturieren – was dann Kommunikation nicht nur unmöglich, sondern sogar unnötig machen würde. Unmöglich deshalb, weil einfach zu viel verarbeitet werden müsste, unnötig deshalb, weil wir ja sahen, was der Andere will. Und unproduktiv wäre Kommunikation dann auch, weil Überraschungen ja gerade dadurch entstehen, dass wir den Anderen nicht kontrollieren können.

Die Liebe, wie wir sie als romantische Liebe kennen, würde verschwinden, weil sie gerade davon lebt, etwas im Ungewissen zu lassen, Intentionen nicht gleich sichtbar zu machen – auch der Zweifel, den die romantische Emotionalisierung ja mitbearbeitet, müsste schon am Anfang verschwinden. Ein Kompliment wäre unmöglich und würde ebenso verschwinden wie das Argumentieren, der strategische Einsatz von Informationen ebenso wie die Überraschung des Gegenübers. Es würden wahrscheinlich sogar die Ichgrenzen verschwimmen. Man wüsste gar nicht mehr, wem man etwas zurechnen kann, und könnte sich kaum entziehen – man würde sogar selbst verschwinden.

Ich hatte immer mal vor, solche Situationen in einer literarischen Form zu beschreiben, um zu testen, was mit uns passieren würde, wenn wir füreinander transparent wären, wie so etwas wie Ordnung und Erwartungsmanagement möglich wären. Ich bin daran gescheitert – einerseits liegt das natürlich an meinen literarischen Fähigkeiten, weil ich sonst Texte anderen Typs schreibe, andererseits aber liegt es auch daran, dass sich so etwas sprachlich kaum darstellen lässt, weil schon die Zurechnung zu Namen oder Personen schwierig wäre. Man müsste Informationen als Subjekte behandeln oder Sinnpartikel oder sonst etwas. Und Kommunikationsprozesse wären eben auch nicht so zu beschreiben, wie wir es gewohnt sind.

## Das Problem der Intransparenz

Nun aber systematischer: Die Fremdheit zwischen den Köpfen, anders formuliert: die prinzipielle Unerreichbarkeit psychischer Prozesse füreinander ist geradezu konstitutiv für die Art und Weise, in der wir miteinander verbunden sind – oder: miteinander unverbunden sind. Man könnte sogar sagen: Sprache und Kommunikation waren evolutionär nur deshalb notwendig, weil es zwischen den Köpfen keine unmittelbare Verbindung gab. Die Menschwerdung selbst lässt sich letztlich als ein Effekt der Entstehung von Sprache und Kommunikation verstehen, die eben nur deshalb nötig sind, weil das Gegenüber mit einem gewissen Interpretationsspielraum *verstanden* werden muss und nicht einfach *wahrgenommen* werden kann – Michael Tomasello etwa macht daran den entscheidenden Unterschied zwischen der gestischen Kommunikation in Tierpopulationen und der sprachlichen Kommunikation von Menschen aus.[1] Auf ähnliche Ergebnisse kommt schon George Herbert Mead, der Begründer des soziologischen Pragmatismus, der menschliche Kommunikation vor allem daran festmacht, dass der eine durch aktive Rollenübernahme des Anderen eine Handlungshemmung erzeugt, in der es ihm erst möglich wird, so etwas wie eine unterstellte

Reaktion des Anderen zu antizipieren, wodurch Erwartungsstrukturen entstehen. All das wird praktisch erzeugt, also nicht durch einen irgendwie vorgefertigten Sinn, sondern innerhalb der praktischen Situation selbst, die aber davon abhängig ist, dass Ego und Alter Ego füreinander intransparent sind.[2]

Was den Menschen zum Menschen macht, sind die bereits erwähnten Handlungshemmungen. Mead beschreibt diese so, dass eine eigene Bewusstseinstätigkeit funktional erst dann nötig wird, wenn sich Situationen nicht von selbst auflösen. Auf mein Bäckereischlangenbeispiel bezogen: Wenn alles geschieht, wie es meistens geschieht, dann ist der Satz »*Eine Butterbreze bitte!*« so undramatisch in erwartbare Kommunikation eingebettet, dass man kaum *denken* muss. Es geht dann auch schnell, wenn das Gegenüber sagt: »*Ein Euro zehn, bittschön!*«, und schon ist der Nächste dran. Würde ich aber hören: »*Meinen Sie wirklich, eine Butterbreze tut Ihnen gut – die Butter hat viel Cholesterin, und das Salz auf der Breze erhöht den Blutdruck. Wenn ich mir Sie so ansehe, meine ich schon, dass ich Sie darauf hinweisen sollte*« – ich wäre nicht nur erstaunt (auch wenn die freundliche Bäckereifachverkäuferin recht hätte), sondern es würde nun eine Handlungshemmung eintreten, während derer ich mich frage: »*Was meint sie? Will sie mich ärgern, verscheißern, aufklären, ist es ein Kunstprojekt, versteckte Kamera, was soll das?*« Was auch immer ich dächte, ich dächte. Es entsteht in einer solchen Situation eine Handlungshemmung, weil ich denken muss – und denken muss ich, weil ich nicht weiß, was sie will. Irgendwie reagiere ich dann, stelle Anschlüsse her, gehe entweder weg oder stelle fest, dass eine Leberkässemmel die Sache auch nicht besser machen würde. Aber irgendwie würde es weitergehen, und indem es weitergeht, entstehen Lösungen – Lösungen, die deshalb gefunden werden müssen, weil unsere Köpfe füreinander intransparent sind, weil die prinzipielle Fremdheit zwischen mir und dem Anderen es überhaupt erst erfordert, dass wir sprechen, dass wir kommunizieren, dass wir interpretieren. Ich muss mein Gegenüber nur deshalb verstehen, weil das eigentlich nicht geht.

Primatenforscher etwa nutzen denselben Mechanismus, wenn sie herausbekommen wollen, ob nicht humanoide Primaten, vulgo Affen, über Bewusstsein verfügen. Auch einem Affen kann man nicht in den Kopf schauen, man kann nur sehen, ob es eine Handlungshemmung gibt, also ob der Affe eine Fremdheit zwischen sich und dem anderen Affen oder zwischen sich und der Situation erkennt und sein Verhalten nicht unmittelbar anpassen kann, sondern zunächst gehemmt wird und nachdenkt. Das kann man nur indirekt sehen, nicht direkt – an den Hemmungen, in denen man die Fremdheit der Situation verarbeiten kann.[3] Fremdheit ist der Mechanismus, der uns zum Denken bringt. Ich gehe sogar so weit, zu sagen, dass erst Fremdheit Denken ermöglicht, dass die Repräsentation der Welt in Sprache und das Prozessieren dieser Sprache im Sprechen unmittelbar damit zu tun haben, dass sich Sprecher in einem fundamentalen Sinne fremd sind und fremd bleiben. Sprechen, kommunizieren hebt diese Fremdheit nicht wirklich auf – vielmehr ist diese Fremdheit das grundlegende Bezugsproblem für die elementaren Formen des sozialen Miteinanders.

Schon Hegel hat in der *Phänomenologie des Geistes* betont, dass es eine unüberbrückbare Grenze zwischen dem Meinen und dem Sagen gebe – er hat das darauf bezogen, dass wir eine innere sinnliche Erfahrung niemals sagen könnten und deshalb auf etwas Allgemeines zurückgreifen müssten, nämlich die Sprache, die in ihrer Allgemeinheit nicht in der Lage sei, die Besonderheit des Besonderen wirklich auszudrücken.[4] Diese Lösung kann nicht überzeugen, weil sie die Allgemeinheit des Sprachlichen nicht in der konkreten praktischen Situation auffindet, sondern schon historisch voraussetzt, aber der Grundgedanke führt bereits auf die prinzipielle Fremdheit in unserem Weltverhältnis.

In der Soziologie wird dieses Prozessieren von Fremdheit nicht einfach unter Hinweis auf ein Allgemeines ausgedrückt, sondern seit Talcott Parsons unter dem Stichwort *doppelte Kontingenz* verhandelt. Dieser grundlegende Mechanismus wird auch in den Sozialtheorien von Alfred Schütz, Erving Goffman und im Pragmatismus des schon erwähnten George Herbert Mead diskutiert und ist vor allem in der kybernetischen Kommunikationstheorie[5] und in der soziologischen Systemtheorie Niklas Luhmanns weiterentwickelt worden.[6] Doppelte Kontingenz ist ein Versuchsaufbau. Unter doppelter Kontingenz verstehen wir die Situation, dass sich Alter und Ego begegnen, und Alter und Ego ihr Verhalten jeweils von Ego und Alter abhängig machen, ohne dass Ego oder Alter in der Lage wäre, das Verhalten des Anderen zu kalkulieren – eben weil Ego und Alter unsichtbar füreinander sind, prinzipiell fremd also.

Diese Situation wäre bereits das Ende der Kommunikation, bevor sie begonnen hat, denn wenn jeder sein Verhalten gleichzeitig vom Verhalten des Anderen abhängig macht, kann letztlich in einer solchen Situation vollständiger Symmetrie nichts geschehen, weil beide aufeinander warten. Es muss also bereits in jeder symmetrischen Situation ein Moment Asymmetrie geben, damit es überhaupt zu Kommunikation kommen kann.

Wohlgemerkt: Die Situation reiner doppelter Kontingenz kommt empirisch nicht vor. Sie ist lediglich ein Gedankenexperiment zur Verdeutlichung von Kommunikation. Bezogen auf die Situation in der Bäckerei erzeugt schon die räumliche Anordnung eine Symmetrie. Wenn ich auf die Verkäuferin treffe, müssen wir unser Verhalten nicht vom Verhalten des Anderen abhängig machen, weil ich vor dem Tresen bin, sie hinter dem Tresen steht – so ist es wahrscheinlicher, dass ich eine Breze bestelle, nicht umgekehrt. In die soziale Situation ist also bereits ein asymmetrisches Moment eingebaut, das Kommunikation in Gang bringen kann und Ego und Alter positioniert. Nun ist diese Situation in einem Laden bereits organisatorisch gerahmt, also dadurch asymmetrisiert. Stellen wir uns eine einfachere Situation vor: Es treffen sich zwei mehr oder weniger gute Bekannte auf der Straße und nehmen sich wechselseitig wahr und nehmen auch wechselseitig wahr, dass sie sich wahrgenommen haben. In diesem Moment ist es unwahrscheinlich, dass beide lange daran festhalten, ihr Verhalten an dem des Anderen zu orientieren. Wahrscheinlicher ist, dass begonnen wird – also Asymmetrie in die Situation eingebaut wird. Einer der beiden grüßt oder spricht den

Anderen an, beginnt über irgendetwas zu reden, oftmals in solchen Situationen über etwas vergleichsweise Unverfängliches – und wenn sich die beiden besser kennen, gibt es vielleicht Themen, auf die man gleich zu sprechen kommen kann. Es ist also auch hier die soziale Situation, wenn auch weniger formal gerahmt, die für Anschlüsse sorgen kann.

## Ein drittes Fremdes

Es entsteht dabei ein Drittes: nämlich Kommunikation, die Alter und Ego jeweils in Anspruch nimmt. Es entsteht in der Zeit ein Kommunikationsprozess, in dem Alter und Ego jeweils durch Äußerungen herausgefordert werden, sich innerhalb dieses Systems zu bewegen. Kommunikation kann man dann als etwas Drittes ansehen, das in der Interaktion immer mit einem Gegenüber zu tun hat, mit einem Gegenüber, das als Alter oder Ego oder Ego oder Alter zu sehen ist. Diese Interaktionstheorie geht davon aus, dass Strukturaufbau dadurch geschieht, dass unterschiedliche Äußerungen sich wechselseitig ermöglichen, dass sie also eine Struktur entwickeln müssen, in der Anschlüsse entstehen.

Man kann an jemanden herantreten und etwas sagen, was derjenige nicht verstehen kann. Dieser wird womöglich darauf reagieren, indem er sagt:»Das verstehe ich nicht.« Und schon ist Kommunikation gelungen. Gelungene Kommunikation ist also nicht die Übertragung einer Information auf ein Gegenüber, um dann zu messen, ob der Kanal ein angemessener Kanal war oder nicht, sondern gelungene Kommunikation wäre nach einem mathematisch-kybernetischen Kommunikationsbegriff die Selektivität, die sich im Nacheinander kommunikativer Ereignisse ergibt. Wir errechnen jeweils, was Kommunikation gemeint haben könnte, und schließen dann daran an, gerade weil uns die Psyche des Gegenübers prinzipiell intransparent bleibt.[7]

Und wir errechnen dies nicht einfach zufällig, sondern weil wir uns in einer Welt bewegen, die bereits ausgelegt ist, die Strukturen hat, die als Lebenswelt Wahrscheinlichkeiten anbietet und Erwartungen strukturiert, die Fraglosigkeiten institutionalisiert und so eine vertraute Welt herstellt, obwohl uns der Andere unvertraut ist. Diesen Mechanismus kann man schön an der phänomenologischen Denktradition besichtigen. Die von Edmund Husserl gegründete Denkschule interessiert sich ganz traditionell dafür, dass sich die Welt insbesondere als Phänomen, also als Bewusstseinsinhalt darstellt und unsere einzige Realitätsgarantie die im Bewusstsein repräsentierte Welt ist. Edmund Husserl wie auch sein soziologischer Schüler Alfred Schütz haben sich dann insbesondere dafür interessiert, wie sich durch Erfahrungsaufschichtung in der Zeit und durch ein gegenwartsorientiertes Prozessieren ein Bewusstseinsstrom etabliert, der durch Selbstbeobachtung so etwas wie eine Struktur, eine Identität, eine eigene innere Ordnung erzeugt. Alfred Schütz schreibt:»Das Sinnproblem ist ein Zeitproblem.«[8] Es ist hier nicht der Ort, das ausführlich theoretisch zu diskutieren. Hinweisen möchte ich nur darauf, wie sowohl Husserl als auch Schütz grandios daran gescheitert sind, aus den Strukturen des Bewusstseins die Verbindung zwischen den Menschen zu beschreiben. Philosophisch ausgedrückt: Es konnte nicht gelingen, mit Mitteln der phänomenologischen Subjektphilosophie Intersubjektivität zu begründen. Intersubjektivität wäre all das, was die Subjekte verbindet, was also gemeinsame Bedeutung, sprachliche Verständigung, Konsens usw. ausmacht. Es ist auch nicht der Ort, dieses grandiose Scheitern hier im Einzelnen nachzuzeichnen.[9] Aber dieses Scheitern ist letztlich ein schönes Symptom dafür, dass sich eine Verbindung zwischen den Subjekten nicht einfach beschreiben lässt – was ein Hinweis auf deren prinzipielle wechselseitige Fremdheit ist, die zu überwinden es eines Dritten bedarf, das weder im einen noch im anderen Subjekt zu finden ist. Dafür wurde das Kunstwort»Lebenswelt« erfunden – es soll anzeigen, dass es das gemeinsame Leben ist, also die Praxis, in der wir uns immer schon befinden, die die Differenz zwischen den Subjekten aufhebt und etwas Gemeinsames schafft, das das Problem des»Fremdpsychischen«, wie es bei Alfred Schütz heißt, lösen soll – nur kann das eben nicht mehr mit den Mitteln einer Theorie des Bewusstseins erklärt werden. Edmund Husserl hat das Scheitern am Intersubjektivitätsproblem noch mit den Worten belegt:»Für all das fehlen uns die Namen.«[10] Es gibt kaum produktiveres Denken als solches, das auf hohem Niveau scheitert. Es scheitert an der prinzipiellen Fremdheit des Anderen. Es scheitert daran, Alter im Bewusstsein von Ego nachzuweisen. Es leidet unter der Distanz, die sie überwinden will. Es scheitert daran, dass man sich gelungenes Leben nur als Nähe vorstellen kann, nur als etwas, das Distanz aufhebt, nur wirkliche Verständigung. Und unsere Welt ist voller Erwartungen darüber, dass wir uns endlich wirklich verstehen und nicht mehr aneinander vorbeireden. Wir erwarten einen Dialog der Kulturen, einen Dialog der Religionen, Eheleute sollen möglichst viel miteinander reden, in der Kindererziehung wollen wir die Lütten überzeugen, bevor sie tun, was sie sollen (dabei kommen Überzeugungen meistens im Nachhinein). Professionelle und Klienten sollen sich auf Augenhöhe begegnen, Verständigung und Zugehörigkeit sind die utopischen Formen gelungenen Lebens.

Es gibt sogar Soziologen, die sich das bessere Leben dadurch erhoffen, dass wir endlich wieder mehr»Resonanzen« in unseren Weltbeziehungen erleben. Hartmut Rosa arbeitet seit Jahren prominent an der Idee, dass wir eine neue Weltbeziehung brauchen, eine Weltbeziehung, in der die Dinge, die Anderen, die Natur, die Kunst, ja die Welt wieder zu uns spricht – da steht ernsthaft:»Gelingende Weltbeziehungen sind solche, in denen die Welt den handelnden Subjekten als ein antwortendes, atmendes, tragendes, in manchen Momenten sogar wohlwollendes, entgegenkommendes oder ›gütiges‹ ›Resonanzsystem‹ erscheint.«[11] Das hört sich schön an – wäre aber in der Konsequenz die Hölle. Ist das nicht pure Romantik? Eine sehr merkwürdige Verschmelzungsfantasie? Ist es nicht die Kapitulation vor der Moderne? Vielleicht sogar eine anthropologische Kapitulation? Ich meine, ja – eine (sehr deutsche) Romantik, die die zivilisatorischen Errungenschaften der prinzipiellen Fremdheit zwischen den Menschen nicht mitsieht und nicht anerkennt und in Intersubjektivität mit sich, dem Anderen und der Welt aufhebt – aber auch nicht die strukturelle, geradezu anthropologische Distanz zwischen Ego und Alter. Deshalb muss eine Apologie der Weltfremdheit geschrieben werden.

Man kann am Problem der Intersubjektivität also auch weniger luzide scheitern, als dies für Husserl und Schütz gilt. Und hier lohnt es sich, wieder an den Kommunikationsbegriff zu erinnern und an die Bäckerei. Was die freundliche Bäckereifachverkäuferin auch sagt – es geht weiter. Kommunikation schreitet voran. Wir erleben uns permanent in Situationen, die wir kontrollieren wollen, und dann spricht dieser und jener, dann geht es weiter, selbst wenn wir uns psychisch ausklinken, es wird entschieden, obwohl es keine vollständige Verständigung gibt, es wird weitergemacht, obwohl man sich nicht endgültig verständigt hat, es wird ein Konsens betont, obwohl die Konsense der Beteiligten stark abweichen können. Das erhöht die Freiheitsgrade der Einzelnen – so finde ich etwa die eher katholische Betonung der äußeren Form, also der äußerlich sichtbaren Teilnahme am Ritual liberaler als die eher protestantische Idee, dazu noch einen authentischen Satz sagen zu müssen. Wer der äußeren Form folgt, kann denken, was er will. Und wer sich selbst in der Kommunikation erlebt, kann sich von der Kommunikation abkoppeln und darin Freiheitsgrade erleben, die Kritik, Indifferenz, Individualität und Selbstgenügsamkeit, auch Ironie und Humor erst ermöglichen. Wir sollten an der Unterbrechung von Resonanzzumutungen arbeiten!

Kommunikation geht also einfach weiter, auch ohne unser Zutun. Man könnte sagen: Die Welt kümmert sich kaum darum, ob wir mitmachen oder nicht. Sie macht weiter, und je weiter sie weitermacht, umso fremder wird sie, weil das Weitermachen auf eine prinzipielle Kränkung hinweist, die in der Unerreichbarkeit der Welt für uns liegt. Allerdings können wir uns dieser fremden Macht nicht entziehen, denn mit ihr machen auch wir weiter. Das ermöglicht es der Kommunikation, auf uns zuzugreifen, indem wir in sie hineingezogen werden – beim Bäcker bestellen wir, in der U-Bahn werden wir geradezu mitgerissen, und auch der Rest des Tages koppelt uns an alle möglichen

Formen, die sich aber von uns nicht kontrollieren lassen – zugleich kann die Kommunikation nicht ohne uns, wie auch? Aber auch sie bleibt fremd, ebenso wie der Andere, auch wenn wir aufeinander angewiesen sind. Bewusstsein und Kommunikation sind gewissermaßen wechselseitig die Bedingungen ihrer Negentropie. Oder anders gesagt: Der Fluch der Kommunikation ist, dass sie immer weitergeht, nie zu einem *eigenen* Ende kommt. Sie kann natürlich enden, aber niemals aus eigener Kraft, weder durch erzielten Konsens oder letzten Dissens, weder durch erschöpfende Behandlung eines Themas noch durch sonstige Erfüllung. Und wenn ein Ende von Kommunikationsprozessen in der Kommunikation vorkommt, dann eben nur, indem es *kommuniziert* wird, was das Ende nur hinauszögert, weil Kommunikation anschließt, also so tut, als habe sie verstanden – schneller und dynamischer als wir selbst, zugleich aber so träge, dass wir sie nicht wirklich einschüchtern können. Denn: Es *muss* verstanden werden, weil Kommunikation nirgendwo ankommt, und weil Kommunikation nirgendwo ankommen kann, kann sie eben nur *verstanden* werden – dass die Kommunikation selbst versteht, wie Niklas Luhmann in seiner Kommunikationstheorie behauptet, meint nichts anderes als die recht plausible Erfahrung, dass es auch ohne unser Zutun weitergeht.

Vielleicht lasssen sich deshalb Gemeinsamkeit und Übereinstimmung, vielleicht sogar Versöhnung, nur schweigend erreichen, durch bloße wechselseitige Wahrnehmung, vielleicht wirklich nur als *Mimesis*, nicht durch große Worte und Programme. Deshalb verwenden die Religionen Rituale, um sich von der Reflexion zu schützen und die Fremdheit der Kommunikation zu überwinden, deshalb finden wir die Wortlosigkeit der handwerklichen Arbeitsteilung so attraktiv, weil hier Äußeres und Inneres synchronisiert erscheinen, deshalb bewundern wir Mannschaftssportler so sehr, die sich blind verstehen, oder Musiker, bei denen sich angeblich sogar die Hirnströme konzertant synchronisieren können, deshalb ist der Liebesakt geradezu eine Parabel für Intimität – und deshalb ist körperliche Gewalt auch so plausibel, weil sie Fremdheit gar nicht erst aufkommen lässt, da an der Bedeutung des Gewaltaktes wenig gedeutet werden muss. Das Problem ist nur, dass man für all das zuvor und/oder danach durchs Purgatorium der Kommunikation muss. Und das trennt eher, setzt die Kommunikanden in Differenz, als dass es sie vereinigt. Das ist das Schicksal aller Sprecher, dass sie nur in der Kommunikation vorkommen, sonst nicht. Vielleicht müssen wir uns daran gewöhnen, Kommunikation nicht als ein Verständigungs- und als ein Nähemedium zu begreifen, sondern als ein Distanzmedium. Das Bezugsproblem von Kommunikation ist nicht die Wechselseitigkeit der Sprecher, sondern ihre Intransparenz und prinzipielle Fremdheit. Nur deshalb wird kommuniziert. Und nur deshalb trennt die Kommunikation Sprecher eher voneinander. Und nur deshalb bleibt die Kommunikation dem Sprecher prinzipiell fremd, auch wenn der Sprecher uns nur durch die Kommunikation vertraut wird. Dieser Sprecher sind wir auch je für uns selbst.

### Fremdheitsmanagement

Soziale Ordnung ist der Versuch, die unüberwindliche Weltfremdheit unsichtbar zu machen. Ich habe oben von der wechselseitigen Negentropie von Bewusstsein und Kommunikation gesprochen. Es ist die Fremdheit zwischen diesen beiden, die bearbeitet sein will – und deshalb behelfen wir uns der gewissermaßen künstlichen Herstellung von Vertrautheit durch die Imagination gemeinsamer Welten, durch die Imagination von Kollektiven und die Überwindung von Fremdheit durch Gewohnheiten, Erwartungen und Routinen. Soziale Ordnung beruht darauf, die prinzipielle Fremdheit der Menschen wegzuarbeiten, irrelevant zu machen, sowohl Kommunikation als auch die Menschen selbst passend zu machen. Abgesehen davon, dass Kommunikation ohne Menschen nicht möglich wäre, würde sie ohne Menschen entropisch werden, also in völliger Unordnung verschwinden. Entscheidend ist aber umgekehrt, dass Bewusstsein ohne die Fesselung durch fremde Bewusstseine und durch Kommunikation entropisch würde und letztlich nur Halt in sich selbst suchen, aber nicht finden könnte. Deshalb trachtet soziale Ordnung stets danach, die Bandbreite möglichen Verhaltens einzuschränken und aus den Fremden vertraute Fremde zu machen. Am ehesten können wir die Welt kalkulieren – im wahrsten Sinne also berechnen –, wenn sich die Anderen ähnlich verhalten wie wir selbst. Es ist die gefährliche Fremdheit der Welt und der Anderen, die prinzipielle Fremdheit der Gesellschaft, die es so wahrscheinlich macht, dass wir einem Ähnlichkeitsprinzip folgen. Wir halten Fremdheit in Schach. Wir sind deshalb konservativer, als wir reden. Wir bestätigen die Welt durch unsere Handlungen und finden Abweichung eher abweichend. Dieses Prinzip der Ähnlichkeit ist vielleicht eines der Grundprinzipien sozialer Ordnung – Psychologen würden von *Modelllernen* sprechen, Pädagogen vom *Learning by Doing*. In der drohenden Fremdheit der Anderen jedenfalls ist die Präferierung des Bekannten zu suchen, die aus den Anderen vertraute Fremde macht. Exakt deshalb muss die Abweichung besser begründet werden als die Wiederholung – und vielleicht brauchen auch diejenigen, die abweichen, eine vitalere Intelligenz, weil sie mit mehr Handlungshemmungen zu tun haben. Und deshalb besteht eine gute Didaktik auch darin, ein kontrolliertes Maß an Handlungshemmungen in Lernprozesse einzubauen – aber nicht zu viel, weil das den Anderen unzugänglich macht.

Soziale Ordnung setzt auf vertraute Fremde und vertraute Fremdheit, auf Konformität und Massenträgheit – genau deshalb reagieren soziale Verbände so nervös auf Andere, die auf die prinzipielle Fremdheit der Menschen verweisen. Um dieser Art Fremdheit soll es in diesem Beitrag eigentlich nicht gehen – aber es geht nicht anders: Dabei geht es hier nun nicht um Migrationsfragen oder logistische Fragen, wie wir mit einer erheblichen Zahl von Flüchtlingen umgehen – was im Übrigen für ein potentes Land wie unseres lösbare Aufgaben sind. Es geht um etwas anderes: Diejenigen, die wir explizit als Fremde behandeln und erleben, die wir sogar Fremde nennen, explizit derzeit Flüchtlinge und Migranten, werfen eben nicht nur logistische Fragen auf, sondern auch die Frage nach der Fremdheit schlechthin. Der Fremde ist nicht bedrohlich, weil er fremd ist, sondern weil er die Vertrauen auf ihre Fremdheit hinweist, und zwar dadurch, dass er die unsichtbare Fremdheit mit einer Sichtbarkeit ausstattet, die sie sonst nicht hat. Dass wir auf alle möglichen Strukturprobleme der Gesellschaft – von der sozialen Ungleichheit über ökologische Probleme bis hin zur Bedrohung unseres Währungssystems – vergleichsweise gelassen reagieren, liegt auch an der Abstraktion der Problemlage und der Unsichtbarkeit ihrer Genese. Es sind kaum deutliche Ursachen auszumachen, und es bietet sich auch niemand an, den man wirklich dafür verantwortlich machen kann. Selbst der politische Terrorismus kapriziert sich inzwischen auf die Strukturen und auf die abstrakte Verbreitung von Unsicherheit, Angst und Schrecken, weil sichtbare Schuldige fehlen. Ob Islamisten oder rechte Bombenwerfer und Zündler: Sie bringen Typen von Menschen um, keine konkreten Exemplare. Selbst sie haben sich an die Fremdheit des Anderen gewöhnt. Letztlich verschwindet die Gesellschaft hinter der Kulisse abstrakter und komplexer Wirkzusammenhänge. Wir haben uns an ihre Fremdheit gewöhnt und suchen nach Lebensformen, in denen sich wiederholen lässt, was sich bewährt hat. Die Soziologie nennt das mit Pierre Bourdieu *Praxis*.

Eigentümlich bringt uns fast nur der Fremde aus der Ruhe. Seine eingebildete Sichtbarkeit – das Dunkle, der andere Sound, die anderen Gewohnheiten, manches Attraktive, manches Bedrohliche usw., das wir mithilfe des Beobachtungsschemas »Kultur« einzufangen versuchen, weist ihn als Fremden aus. Ein Beobachtungsschema, das mehr Identität erzeugt als tatsächlich da ist.[12] Der Fremde muss schnell zu einem *vertrauten Fremden* gemacht werden, indem wir ihn mithilfe von Kultur, Stereotypen, (positiven und negativen) Vorurteilen und nicht zuletzt ziemlich genauem Wissen zu einem *vertrauten Fremden* machen.[13] Dass fast alle Gesellschaften so grundsätzlich auf Fremdheit überreagieren, hat genau hier seinen Ursprung – und ist dann vermeidbar, wenn man eigene Differenzen aushalten kann. Vielleicht liegt hier der Unterschied zur Flüchtlingssituation zwischen heute und der Flucht während des Jugoslawien-Krieges in den 1990er-Jahren: Dass es heute nicht nur Ablehnung und Ängste gibt, nicht nur Fremdheit als Projektionsfläche von Fantasien, sondern auch eine große Aufnahmebereitschaft, die inzwischen so oft verspottete Willkommenskultur, auch eine gewisse Gelassenheit, ist wohl ein Indikator dafür, dass die prinzipielle Fremdheit der Gesellschaft selbst inzwischen leichter auszuhalten ist.

Der Fremde jedenfalls scheint immer noch ein Symbol und eine Projektionsfläche der prinzipiellen Fremdheit der Gesellschaft zu sein. Es ist eine komplexe Leistung, diese Fremdheit wegzuarbeiten – und die Konfrontation mit dem explizit Fremden weist auf diese Komplexität hin. Was kann man daraus lernen? Wir kratzen dort, wo es gar nicht juckt. Nicht die Fremden sind das Problem, sondern unsere uneingestandene Unfähigkeit, mit der Fremdheit der Gesellschaft umzugehen. Was wir brauchen, ist ein Narrativ über diese Gesellschaft, das ihre Komplexität ins Zentrum stellt und ein Verständnis dieser Fremdheit ermöglicht[14] – dann werden die Fremden uns weniger fremd sein, und die Arbeit an der prinzipiellen Fremdheit des Anderen kann beginnen. Mehr sollte hier nicht gezeigt werden. Die Quintessenz lautet: Fremdsein ist der Modus des Gesellschaftlichen. Nicht nur für Fremde.

# Anmerkungen

1 Vgl. Michael Tomasello: *Die Ursprünge der menschlichen Kommunikation*. Frankfurt am Main 2011; Michael Tomasello: *Eine Naturgeschichte des menschlichen Denkens*. Berlin 2014.

2 Vgl. George Herbert Mead: *Geist, Identität und Gesellschaft aus der Sicht des Sozialbehaviorismus*. Frankfurt am Main 1988.

3 Vgl. Julia Fischer: »Transmission of Acquired Information in Nonhuman Primates«. In: *Encyclopedia of Learning and Memory*. Oxford 2008, S. 299–313.

4 Vgl. Georg Wilhelm Friedrich Hegel: *Phänomenologie des Geistes. Werke, Band 3*. Frankfurt am Main 1970, S. 82 ff.

5 Vgl. Ranulph Glanville: *Objekte*. Berlin 1988; Dirk Baecker: *Form und Formen der Kommunikation*. Frankfurt am Main 2005.

6 Vgl. Niklas Luhmann: *Soziale Systeme. Grundriß einer allgemeinen Theorie*. Frankfurt am Main 1984, S. 148 ff.

7 Vgl. Armin Nassehi: »Wenn wir wüssten! Kommunikation als Nichtwissensmaschine«. In: *Kursbuch 180: Nicht wissen*. Hamburg 2014, S. 9–25.

8 Alfred Schütz: *Der sinnhafte Aufbau der sozialen Welt*. Frankfurt am Main 2008, S. 20.

9 Vgl. dazu aber ausführlich Armin Nassehi: *Die Zeit der Gesellschaft. Auf dem Weg zu einer soziologischen Theorie der Zeit*. Wiesbaden 2008, S. 86 ff.

10 Edmund Husserl: *Zur Phänomenologie des inneren Zeitbewusstseins (1893–1917)*. Husserliana X, hrsg. von Rudolf Boehm. Den Haag 1966, S. 75.

11 Vgl. Hartmut Rosa: *Weltbeziehungen im Zeitalter der Beschleunigung*. Berlin 2012, S. 9.

12 Zum »Beobachtungsschema« Kultur vgl. Armin Nassehi: »Fatale Blicke«. In: *Zeit* vom 14.01.2016.

13 Armin Nassehi: »Der Fremde als Vertrauter. Soziologische Beobachtungen zur Konstruktion von Identitäten und Differenzen«. In: *Kölner Zeitschrift für Soziologie und Sozialpsychologie* 47 (1995), S. 443–463.

14 Der Versuch, ein solches Narrativ zu entwerfen: Armin Nassehi: *Die letzte Stunde der Wahrheit. Warum rechts und links keine Alternative mehr sind und Gesellschaft ganz anders beschrieben werden muss*. Hamburg 2015.

*Wolfgang Schmidbauer*
# Fremd bleiben dürfen
Über die therapeutische Distanz

Bei der ersten Begegnung mit dem Thema fiel mir eine Leuchtschrift ein, die ich vor Jahren an dem Bordell »Leierkasten« im Münchner Norden im Vorbeifahren gelesen habe: *Du kommst als Fremder und gehst als Freund.* Und ich dachte, für den therapeutischen Beruf müsste man sie abwandeln in: *Du kommst als Fremder, und du darfst als Fremder bleiben, bis du gehst.*

Auf den ersten Blick wirkt das Fremde oft nah – als sei es nur einen Schritt weit entfernt, einen mühevollen Schritt, zugegeben, aber doch nur einen Schritt. Und wenn wir diesen Schritt getan haben, erkennen wir, wie fremd es *wirklich* ist und wie viel uns noch zur Verständigung fehlt. Das liegt daran, dass wir oft dazu neigen, die Fremdheit zu leugnen, sie durch eine Projektion einer Idealvorstellung auszulöschen. Zunächst ein selbst erlebtes Beispiel.

Als im Alter von 25 Jahren frisch diplomierter Psychologe zweifelte ich sehr an meiner Fähigkeit, den Beruf des Psychotherapeuten auszuüben. Das Schreiben, mit dem ich mein Studium finanziert hatte, traute ich mir problemlos zu, schließlich ist der Leser ebenso verantwortlich für das, was er liest, wie der Autor für das, was er schreibt.

So fasste ich zusammen mit meiner Verlobten den verliebten Entschluss, ein dem Verfall ausgeliefertes Steinhaus in den Hügeln des Mugello zu kaufen, es bewohnbar zu machen und dort von meinen Artikeln zu leben. Ich liebte Italien, die Landschaft, die Kunst, meine Verlobte war Kunsthistorikerin und hatte in Florenz studiert.

Alles Italienische war wunderbar, und ich war überzeugt, wenn ich erst einmal besser Italienisch spräche, wäre ich ganz wie meine Nachbarn. Es waren sehr gastfreundliche Menschen, offen und herzlich, ich litt sehr unter meinem Haschen nach verständlichen Worten und meinem Gestammel. So lernte ich den örtlichen Dialekt so gut, dass man mir eines Tages in der Cassa di Risparmio einen 100-Mark-Schein nicht wechseln wollte, weil ich kein Konto bei dieser Bank hätte.

Aber merkwürdig: Je besser ich mit den Nachbarn reden konnte, desto klarer wurde mir auch, dass sie in einer ganz anderen Welt lebten als ich. Ich fand zuerst zu meinem großen Staunen heraus, dass meine Nachbarn selbst Fremde waren, Süditaliener, die es aus ihren noch armseligen Dörfern, von ihren winzigen, oft stundenlange Wege vom Haus entfernten Feldern in die Toskana verschlagen hatte. Es war ein Wechsel von der ganz elenden Subsistenzlandwirtschaft in eine etwas erträglichere.

In der Toskana standen in den 1960er-Jahren viele Häuser leer. Die Gartenlandwirtschaft von Betrieben mit vier bis acht Hektar Pachtland in den terrassierten Hügeln lohnte sich nicht mehr; der Verdienst war lächerlich, verglichen mit dem eines Hilfsarbeiters in der Industrie.

Die eingesessenen Toskaner nannten die Leute aus dem Süden *marocchini* (Marokkanerlein) und blickten auf sie herab. Die Migranten aus dem Süden hingegen lobten ihre Oliven, groß wie Eichen, gegenüber den kümmerlichen Gewächsen im Norden und sagten gelegentlich, es müsse in einer guten Welt mehr Italiener geben und weniger Toskaner. Der Konflikt erinnerte mich an die Vorurteile der Bayern gegen die »Saupreißn«, an denen ich als Kind gar nicht so widerwillig Anteil hatte, obwohl ich das Klischee gleichzeitig dumm fand. Es gibt kein preiswerteres Mittel, sich überlegen zu fühlen, als den Stolz auf die Gnade der Geburt.

Solche Erfahrungen bereiten darauf vor, der Auseinandersetzung mit dem Fremden entgegenzugehen wie einem Berg. Auch dieser hat, solange wir noch weit entfernt sind, eine klare Kontur. Das Ziel scheint greifbar nahe vor unseren Augen zu liegen. Dort könnten wir sein, auf diesem Gipfel!

Sobald wir es nicht bei solchen Träumen belassen und uns auf den Weg machen, wird es unübersichtlich. Der Gipfel verschwindet hinter Vorbergen und Vortälern; das erträumte Ganze ist verloren. Vielleicht geraten wir in Nebel, Regen oder Schneetreiben und sehen gar nichts mehr.

Ich möchte mein Eintauchen in die toskanische Sprache nicht missen und freue mich noch heute, wenn ich einem verirrten Alfa-Fahrer den Weg zum Oktoberfest in seiner Muttersprache erklären kann. Aber ich misstraue seither allen Vorschlägen, Fremdheit durch Sprachkurse zu beheben. Es gibt freilich auch in der scheinbaren Aneignung des Fremden noch eine Steigerung der Naivität, die weit über den Sprachkurs hinausgeht: die erotische Verbindung in dem Gefühl, die animalische Nähe mache das Interesse für die fremde Kultur entbehrlich. Eine von den Zacken und Zicken der Emanzipation verletzte Männlichkeit, die sich beispielsweise mit mandeläugigen Asiatinnen tröstet, endet nicht selten doppelt gekränkt.

Die moderne Ehe wird oft ohne Zutun des Familienverbandes geschlossen. So wird jede Liebesbeziehung interkulturell, läuft in Gefahr, Unterschiede zu ignorieren und Kenntnis durch Rechthaberei zu ersetzen. Deutsche Ehen sind aus verschiedenen Gründen hier besonders gefährdet, da die Brüche der Vergangenheit äußerst heftige Ängste vor »befremdlichen« Vorstellungen über Liebe und Bindung wecken.[1] Klare Vereinbarungen und faire Wirtschaft sind nirgends schwieriger zu finden als dort, wo zwei Menschen behaupten, ihre grandiose Liebe mache derlei Kleinkram überflüssig.

Damit sind wir auch wieder bei der Situation in der Psychotherapie. In der Psychoanalyse ist nicht nur die Regression systematisch beschrieben und erforscht worden; sie bietet auch selbst gute Beispiele dafür, dass ein bereits erreichtes Niveau der Differenzierung immer durch Regressionen gefährdet bleibt. Während Technik und Naturwissenschaften ihren Differenzierungsgrad durch das feste Gerüst ihrer mathematischen Strukturprinzipien aufrechterhalten können, stehen Geisteswissenschaftler immer wieder vor der Tatsache, dass sie etwas für einen theoretischen Fortschritt gehalten haben, was in Wahrheit ein Rückschritt war.

Am deutlichsten ist dieser Prozess in der Theologie, die an vielen Fronten mit fundamentalistischen Strömungen ringt; aber ähnliche Prozesse lassen sich auch in anderen Bereichen nachweisen. Wo der Mensch im Mittelpunkt steht, ist die Gefahr der Regression allgegenwärtig. Das wollen oft jene Forscher nicht wahrhaben, die sich in einer Rivalität mit den Naturwissenschaften erleben.

Auch die Geschichte der Psychotherapie ist reich an Neuerungen, die darauf beruhen, primitivere Modelle an die Stelle von ausgearbeiteten zu setzen und dieses Vorgehen als Weiterentwicklung auszugeben. Ein solches primitives Modell dominiert gegenwärtig unsere Ausbildungsinstitute. Es ist die Vorstellung, dass Psychotherapeuten nach ihrem Pflichtprogramm an Selbsterfahrung, Technikseminaren und Supervision »fertig« sind und künftig alle beruflichen Probleme bewältigen werden.

Das naiv-pädagogische Modell von der gültigen Lösung des Widerspruchs zwischen Lust- und Realitätsprinzip tritt an die Stelle des analytischen Modells einer Unlösbarkeit und lebenslangen Auseinandersetzung. Freuds Gedanke, die Eigenanalyse der Therapeuten alle fünf Jahre erneut aufzunehmen und zu vertiefen, ist zu dem Fünfjahresschritt mutiert, nach dessen Überstehen der examinierte Analytiker Lehranalytiker werden kann. Zum pädagogischen Vorbild erstarrt, hat er es immer schwerer, sich selbst infrage zu stellen und damit etwas zu tun, dessen Nutzen für andere zu beteuern er nicht müde werden darf.

Die Klienten von Psychotherapeuten sind sehr häufig in ihren Fähigkeiten beeinträchtigt, selbständig die Anforderungen der Realität zu bewältigen, zu ihren Wünschen zu stehen, Liebe und Hass zu lenken und angemessen auszudrücken. Sie suchen im Therapeuten ein steuerndes Objekt, das sie idealisieren können, das ihnen erlaubt, zu ihren eigenen Wünschen zu stehen und diese nicht als so zerstörerisch und gefährlich zu erleben wie bisher. Das heißt, sie wünschen sich ein Gegenüber, das ganz nah ist, dem sie ganz vertrauen können, das sie ganz versteht. Sie möchten sich verlieben und fürchten sich davor.

Die psychoanalytische Regel dazu lautet etwa so: Die idealisierende Beziehung (»positive Übertragung«) wird zugelassen und erst dann bearbeitet, wenn sie so übermächtig geworden ist, dass sie den therapeutischen Prozess beeinträchtigt. Die negative, entwertende Übertragung wird sogleich aufgegriffen. Da mit »Übertragung« die Wiederholung einer kindlichen Beziehung gemeint ist, hat sie immer auch Züge der positiven oder negativen Idealisierung, der Überschätzung im Guten wie im Bösen.

Da der Idealisierung große Macht zugeschrieben wird, übt dieser Prozess auch Macht aus. Es ist faszinierend, idealisiert zu werden, weil dadurch eigene Ängste und Unsicherheiten fast ebenso verringert werden, wie es geschieht, wenn ein idealisiertes Objekt gefunden wurde. Bekannt ist, dass sich Demagogen oder Schauspieler, die längere Zeit nicht mehr von einem Publikum gefeiert wurden, niedergedrückt und nutzlos fühlen. Sie brauchen das »Bad in der Menge«, wie Dagobert Duck es braucht, in seinen Dukaten zu baden: Die einen wie der andere verschmelzen mit einer idealisierten und idealisierenden Umgebung. Sie fühlen sich dadurch sicherer.

Aus den genannten Gründen wird deutlich, dass die Idealisierung des Psychotherapeuten ebenso mächtig wie gefährlich sein kann. Im guten Fall gibt sie Kraft, Depressionen zu überwinden, Entscheidungen zu treffen, die bisher aus Angst verweigert wurden, sich dem bisher Gemiedenen auszusetzen und es mit neu gewonnenen Kräften zu bewältigen. Aber dieser Prozess ist sensibel, die Gefahr, dass er scheitert, ist stets präsent.

Unter den Gefahren ist zunächst das Umschlagen der Idealisierung in Entwertung zu nennen. Sie tritt ein, wenn ein Klient sich überfordert hat und nun im Zusammenbruch der Erwartungen an die eigene Person auch den idealisierten Therapeuten vernichtet sieht. In anderen Fällen greift die Enttäuschung um sich, weil der Analytiker nicht immer und überall begleitet und schützt, sondern bequem in seinem Behandlungszimmer bleibt, während sich der Klient den Unannehmlichkeiten der Welt stellen muss.

Die Übertragungsliebe ist in jedem Fall eine Begleiterscheinung der Idealisierung; sie ist ihr stärkster Ausdruck und zugleich ihr größtes Risiko, weil sie an mächtige irrationale Wünsche appelliert, die auch der Therapeut niemals ganz verarbeitet und bewältigt hat. Unsere Sexualität gleicht immer einem Palimpsest: Die Schrift der realitätsblinden kindlichen Wünsche bleibt unter der Schrift der erwachsenen Disziplin erhalten.

Wenn es gelingt, solche Zusammenbrüche der Idealisierung zu bearbeiten, weil sich Reste einer mild positiven Übertragung erhalten und pflegen lassen (»Arbeitsbündnis« ist ein zweckrationales Wort für diese Situation), dann haben Analytiker und Analysand gewonnen. Wenn nicht, wird die Zusammenarbeit unerträglich. Aus dem Gefühl größter Nähe wird das Empfinden völliger Fremdheit und wechselseitiger Unerreichbarkeit. Der Analysand bricht ab, der Analytiker erscheint ihm ebenso unfähig, dumm und grausam wie dem Analytiker sein Patient unanalysierbar, psychotisch, frühgestört.

Vielleicht noch toxischer und für beide Seiten schwerer zu verarbeiten ist die *Verleugnung* von Fremdbleibenmüssen, von Distanz. In der Regel hat sie die Gestalt der sexuellen Beziehung, deren orgastische Potenziale geeignet sind, eine zuerst hilfreiche und später gefährliche Illusion zu schaffen: Wir können doch alles vergessen und auf einer elementaren Ebene verschmelzen. Alle kulturellen und professionellen Unterschiede heben sich in der sexuellen Begegnung auf – für kurze Zeit, oft genug auch nur für eine Seite –, glaubt doch auch der Pädophile gern, das von ihm missbrauchte Kind wünsche sich den Sex genauso intensiv wie er.

## Die Abstinenz

Durch die Idealisierung gewinnt der Therapeut Macht. Wer Macht erhält, gerät immer in Versuchung, sie zu missbrauchen. In der Therapie bedeutet das, Macht zu anderen Zwecken einzusetzen als zum Wohl des Klienten. Die Grenzen, innerhalb derer sich der Helfer bewegen soll, werden durch seine Ausbildung vorgeformt und während seiner Arbeit durch seine berufliche und persönliche Entwicklung verändert. Es werden sogar Reglements diskutiert, in denen ein Analytiker bereits als wenig abstinent gilt, wenn er im Behandlungszimmer Bilder an die Wände hängt.

Der gute Gedanke hinter diesem Vorgehen, das den Laien merkwürdig anmutet, ist die Erwartung, dass sich dank dieser Neutralität – einer sozusagen von allen Ansatzpunkten befreiten Befremdung – die Fantasien, Gefühle, Übertragungen des Klienten frei entfalten und er auf diesem Weg die besten Möglichkeiten hat, sich selbst in dem »wohlgeschliffenen Spiegel« zu erkennen, von dem Freud gesprochen hat. Freilich – radikal hat der Gründervater das gewiss nicht gemeint. In seinem Behandlungsraum gab es viele interessante Dinge, antike Kleinplastiken, orientalische Teppiche, Bildungsbürgerliches an den Wänden. Neben dem Ziel, neutral zu bleiben, bleibt in Freuds Praxis die vielfältige Anregung durch Zeugnisse archaischer Kulturen erhalten. Es macht schon einen Unterschied, trocken von Kastration zu sprechen oder – wie Freud es in der Analyse einer Amerikanerin tat – auf eine Kleinplastik von Minerva zu zeigen und zu sagen: *Sie hat ihren Speer verloren.* Die heidnischen Götter des Mittelmeerraumes, vom Monotheismus tabuisiert, haben in der Psychoanalyse als Bilder triebhafter Motive wieder metaphorische Macht gewonnen.

In der Geschichte der Psychoanalyse wurde die Abstinenz vor allem im Zusammenhang mit der »aktiven Analyse« diskutiert, die Sándor Ferenczi vorschlug und von der Freud urteilte, sie lasse die analytische Therapie zur *Petting Party* entgleisen. Ferenczi berichtete von Experimenten, mit Analysandinnen Zärtlichkeiten auszutauschen, mit ihnen in Urlaub zu fahren, ihnen gegenüber eigene Gefühle bloßzulegen (»wechselseitige Analyse«).

## Der Bruch der Abstinenz

Der auffälligste Bruch der Abstinenz ist die sexuelle Beziehung zwischen Therapeut und Patientin, seltener zwischen Therapeutin und Patient. Eine sexuelle Beziehung ist in den meisten Kulturen kein neutraler Akt. Sie ist in professionellen Feldern geregelt und zwischen Personen, die in einem beruflichen Abhängigkeitsverhältnis stehen, tabuisiert und zwischen professionellen Helfern und ihren Klienten als Delikt ausgewiesen. Ein Therapeut, der in dieser Weise seine Abstinenzpflicht verletzt, beraubt sich seiner beruflichen Integrität. Er hat die Idealisierung, die ihm entgegengebracht wird, ausgebeutet und das Vertrauen seiner Klienten missbraucht. Extremfälle moralischen Versagens sehen so aus, dass ein Therapeut die Schäferstunden mit einer Patientin in seinen Abrechnungsbogen einträgt und sich von ihrer Krankenkasse dafür bezahlen lässt.

Während kein Zweifel daran besteht, dass dieses Verhalten illegal ist, scheint es sehr schwierig, Kriterien zu finden, die ein erotisches Verhältnis *nach dem Ende einer Therapie* betreffen. Ein rigoroser Standpunkt besagt, dass jede sexuelle Begegnung für immer tabuisiert bleiben muss, weil Idealisierung und Abhängigkeit niemals völlig verschwinden. Andere Standesorganisationen gehen davon aus, dass Menschen über ihre Sexualität nach der Beendigung professioneller Abhängigkeitsverhältnisse frei entscheiden können und daher moralisch nichts einzuwenden ist, wenn ein Therapeut eine Behandlung beendet und nach einer Bedenkzeit (meist ist von einem Jahr die Rede) als Privatperson der Privatperson einer Patientin entgegentritt.

*Abstinentia* bedeutet Enthaltung. Freud meinte mit seinem Satz »Die Kur findet in der Abstinenz statt« vor allem die Abstinenz des Patienten *von Ersatzbefriedigungen*. Während der Analyse zu meidende Ersatzbefriedigungen sind betäubende Drogen und Alkohol, aber auch Nebenanalysen (der Patient bespricht seine Träume und Einfälle mit dem Ehepartner) und symptomatische Befriedigungen.

Damit meinte Freud den problematischen Lustgewinn, den Angstkranke aus Vermeidungen beziehen – etwa nicht in eine Prüfung zu gehen oder niemals unbegleitet die Wohnung zu verlassen. Der Phobiker soll ohne Begleitperson in die Analyse kommen, auch wenn ihm das schwerfällt; der Prüfungsneurotiker soll sich der Prüfung stellen, auch wenn er fürchtet, ohnmächtig zu werden oder zu versagen, weil er sich nicht gut genug vorbereitet hat.

Andere Ersatzbefriedigungen, die aufgegeben werden müssen, ehe eine Analyse beginnen kann, sind Alkohol, Drogen, aber auch ein Rentenbegehren. Die Abstinenz des Analytikers soll ihn mahnen, dem Analysanden keine Ersatzbefriedigungen zu ermöglichen. Er soll ihm die Befriedigung anderer Bedürfnisse als jener verweigern, die unmittelbar oder mittelbar der Einsicht in die eigene Psyche dienen.

In der Regel wird die Frage der Abstinenz so diskutiert, als ginge es hier ausschließlich um Bedingungen, welche dem Wohl der Patientin oder des Patienten dienen. In einer eher traditionell expertenhaften als analytisch-interaktionellen Auffassung erscheint das Patientenwohl als würdiger Gegenstand der Aufmerksamkeit, während in Hinsicht auf das Wohl des Helfers der Wirksamkeit des menschlichen Egoismus naiv vertraut wird.

Demgegenüber gebietet ein konsequentes Verständnis der Analyse, auch das Wohl des Analytikers zu beachten. Gewiss nicht, um es gegen das Wohl des Patienten durchzusetzen, sondern um jene alte, in diesem Zusammenhang vielleicht plump wirkende Bauernregel zu beachten, dass die gut gefütterte Kuh mehr Milch gibt. Die Art, wie sich die Abstinenz gestaltet, sollte auch damit zusammenhängen dürfen, welche spezifischen Befriedigungen der Helfer braucht. Wenn er sich in seiner Arbeit wohlfühlt, arbeitet er besser. Wenn er sich unwohl fühlt, brennt er schneller aus. Wenn es nicht anders geht, muss er akzeptieren, dass er Belastungen erträgt, um seiner Sorge für den Patienten nachzukommen. Aber oft geht es anders. Auch der masochistische Aspekt der Arbeit des Helfers sollte durch Ich-Funktionen und nicht durch Überich-Einschränkungen reguliert werden.

Aus den Quellen über den Beginn der Psychoanalyse – von zentraler Bedeutung sind Breuers und Freuds *Studien über Hysterie* – wird deutlich, wie sehr die heutigen Abstinenzvorstellungen aus einer Gegenbewegung entstanden sind. Die Abstinenz sollte die Verwurzelung der Analyse in hypnotischer Suggestion beseitigen. Während der späte Freud den Analytiker mit einem Chirurgen vergleichen will, der doch mit kaltem Sinn und unerschüttertem Blick in blutendem Gewebe arbeitet, gesteht der frühe durchaus zu, dass es notwendig ist, sich für den Menschen hinter den Symptomen wahrhaft zu interessieren, wenn man die Voraussetzung schaffen will, ihm zu helfen.

Er könne, sagt Freud in seinem Frühwerk, einen Tabiker oder Tuberkulösen behandeln, auch wenn ihn die Person des Kranken nicht zur Teilnahme reize. Bei einer Neurotikerin oder einem Neurotiker sei das nicht der Fall. Freud bekannte damals noch freimütig, bei wertlosen Personen und unangenehmen Charakteren lasse ihn das psychologische Interesse bald im Stich.

Anfangs legte Freud seinen Patientinnen die Hand auf die Stirn, um durch diese Berührung den Fluss freier Einfälle in Gang zu bringen. Später betont er die Distanz des Analytikers und fordert von diesem, keinen Druck auszuüben, sondern widerzuspiegeln, was er mit gleichschwebender Aufmerksamkeit wahrnimmt.

Analytiker und Analytikerinnen sollen in Kleidung und Benehmen keine aufdringliche Note haben. Sie beantworten keine Fragen, ob sie verheiratet seien, Kinder hätten, im Urlaub lieber Museen besuchen oder Golf spielen. Sie kontrollieren Mimik und Stimme, um Übertragungen nicht zu lenken, die sich frei und spontan entfalten sollen. Sie lassen nicht erkennen, ob es sie berührt, wenn ein Analysand sein Examen besteht oder in ihm scheitert, wenn ihm der Vater stirbt oder seine Schwester erkrankt.

Dieses Ritual der Abstinenz ist auch ein Ritual der Macht. Wenn der Analytiker es ungestört zelebrieren kann, dann führt alles, was der Analysand in Bezug auf ihn erlebt, letztlich zu diesem zurück. Wie der Spiegel keine Tiefe hat, sondern nur eine Oberfläche, so blickt der Analysand in ihm in sein eigenes Unbewusstes, während die professionell intendierten Interventionen des Analytikers den Spiegel poliert halten. So kann der Therapeut in der analytischen Situation so handeln, als habe nur der Analysand, nicht aber auch er ein Unbewusstes, als sei nur dieser, nicht aber auch er ein in vielen Bereichen von Triebwünschen und Abwehrmechanismen bestimmter Mensch.

Illusionen, wie ich sie hier konstruiere, drücken nicht nur eine intellektuelle Größenfantasie aus. Sie haben, auf ein realistisches Maß zurückgenommen und einfühlend gehandhabt, therapeutische Aufgaben, die sehr wesentlich sind. Sie schützen Patientinnen und Patienten davor, dass persönliche Stellungnahmen sie in ihrer Arbeit blockieren. Sie erinnern Analytiker und Analytikerinnen daran, sich zurückzuhalten, sich zu bescheiden, die Entrüstung über perverse oder sozial unerwünschte Verhaltensweisen eines Patienten nicht zu äußern, sondern konsequent zu erforschen, wie diese Tendenzen entstehen. Persönliche Empörung wird denn als Gegenübertragung entweder still für sich oder in einer Intervisionsgruppe untersucht.

Die Kultur des freiwilligen Fremdbleibens in der Psychoanalyse hängt mit dem singulären Angebot der Methode zusammen: nicht zu wissen, wohin sich der analytische Prozess entwickelt. Andere Verfahren der Psychotherapie gehen von planbaren Veränderungen aus. In der Regel klagt der Patient über Symptome, der Therapeut erarbeitet den Plan, wie sie gelindert oder zum Verschwinden gebracht werden können.

In der Psychoanalyse geschieht gleichzeitig weniger und mehr: Es gibt keine vorgegebenen Ziele außer dem, zu verstehen, welche Einfälle auftauchen und was sie für die Dynamik der aktuellen Übertragung und der prägenden emotionalen Beziehungen in der Lebensgeschichte bedeuten.

In jeder professionellen Beziehung ist Distanz notwendig, um die berufliche Rolle aufrechtzuerhalten und zu bedenken, wo eigensüchtiges Verhalten oder technische Fehler zum Nachteil für den Klienten werden. Die erste Aufgabe aller Professionellen ist es, ihren Klienten nicht zu schaden, die zweite, ihnen zu nützen. Der Analytiker aber benötigt *mehr* Abstand, als ihn die klassische professionelle Reflexion fordert. Er muss sich auch von den Verführungen der pädagogischen Gestaltung des Lebens seiner Klienten fernhalten. Er soll nicht Vorbild sein, nicht einen anderen Menschen nach seinem Bild schaffen; er muss ein Fremder bleiben.

## Das Fremde in uns

Die Psychoanalyse erforscht das Fremde per se: Das Unbewusste im Analytiker und im Patienten, denn ohne den Vorgang, den Freud als »Resonanz« zwischen zwei Unbewussten beschrieben hat, lässt sich kein Zugang zur Unterwelt finden. Wir haben zu unserem eigenen Unbewussten, dem Ort, aus dem Freude und Trauer, Liebe und Hass, Hunger und Wut ihre Forderungen an das bewusste Ich stellen, keinen besseren oder leichteren Zugang als zum Seelenleben eines Fremden. Analytisch gesehen, ist das Fremde nicht außen, sondern auch innen.

Die Psychoanalyse versucht, dieses Fremde, das sie Es nennt, zu kolonisieren – *Kulturarbeit etwa wie die Trockenlegung der Zuidersee.* Freud erläutert seine Formel: *Wo Es war, soll Ich werden.* Aber in diesem Prozess verändern sich fast zwangsläufig beide Seiten. Indem das Ich sich eine genauere Kenntnis des Es aneignet, muss es sich verändern und Vorstellungen über das Unbewusste revidieren – etwa die Fantasie, Herr im eigenen Haus zu sein.

Hinter der Fassade des Patienten sucht der Analytiker nach anderen, bisher verborgenen Inhalten. Er öffnet einen Raum, in dem Befremdliches an die Oberfläche treten und dort länger verweilen darf, als es sonst im Alltag üblich und möglich ist. Indem er dieses Fremde benennt und es mit Deutungen erfasst, wird er zum Weichensteller für die Entwicklung bisher nicht wahrgenommener Seiten der Person, die auf der Couch liegt.

Was dieser Entwicklung im Weg steht, sind Erstarrungen, Ideale, in der Kindheit unter äußerem und innerem Druck erworbene Bilder, wie »man« sein soll und was man im Leben zu erreichen hat. Von diesen Bildern und Wertvorstellungen abzuweichen ist mit Ängsten besetzt. In seiner Selbsterklärung leidet der Patient nicht an diesen inneren Einschränkungen, sondern daran, dass entweder er versagt, oder die wichtigsten Bezugspersonen (die Eltern, die Geschwister, der Ehepartner) versagen.

Der Analytiker soll in den ersten Erwartungen an die Analyse zu der bisherigen Lebensgestaltung und dem Ich-Ideal des Patienten passen und dafür sorgen, dass die damit verknüpften Ziele doch noch erreicht werden. Er wird ja selten als erster Helfer gesucht, denn eine analytische Therapie dauert lange und hat nicht überall den besten Ruf. Erst wenn es Kranke müde sind, Medikamente zu schlucken, die nicht viel nützen und das Rätsel nicht lösen, woher die Symptome kommen, wenn sie vielleicht auch die Trainingsprogramme und Strichlisten der Verhaltenstherapie unangemessen finden, machen sie doch einen Versuch, legen sich auf die Couch und suchen nach Antworten.

Der Analytiker verbündet sich mit dem Patienten auf der Ebene einer Dienstleistung. Er lässt sich als Spezialist für psychologische Zusammenhänge akkreditieren wie der Diplomat eines fremden Staates. Dann nutzt er diesen Status, um die im Untergrund ähnlich einer Befreiungsbewegung arbeitenden anpassungsfremden und anpassungsfeindlichen Tendenzen des Patienten zu entdecken und ihnen zu vermitteln, dass er in manchen Punkten auf ihrer Seite steht, auch wenn er das wegen seines Diplomatenstatus nur diskret und innerhalb seiner professionellen Grenzen tun kann.

Der Analytiker will also das innere Fremde dem Patienten nahebringen – und um das zu können, muss er im Außen in vieler Hinsicht fremd bleiben, denn je mehr er seine eigenen Wertvorstellungen und

Menschheitsideale präsentiert, desto weniger Raum bleibt für die Suchbewegungen des Analysanden, der sich ja in seinen unverständlichen Symptomen selbst fremd geworden ist.

Nicht zuletzt durch Freuds Buch *Das Unbehagen in der Kultur* wissen wir, dass der in paradiesischem Seelenzustand lebende Mensch so schwer zu finden ist wie ein Staat ohne Geisteskranke, Verbrecher, Pornografie und Prostituierte. Wenn wir noch an der Metapher vom Diplomaten festhalten, der mit den von einer Kolonialmacht unterdrückten Indigenen sympathisiert, werden wir uns doch immer fragen müssen: Nütze ich diesen Unterdrückten wirklich mehr als den Unterdrückern? Sind die kleinen Nischen befreiter Emotionalität und Fantasie, die wir in der Analyse schützen können, konsumierbare Spielwiesen für die Opfer einer übersteigerten Leistungshaltung? Oder fördern wir wirklich eine Alternative, eine Bewegung, die nicht nur Nischen pflegt, sondern auch die Unbarmherzigkeit des Ganzen kritisiert und verändert?

Diese Fragen lassen keine einfache Antwort zu. Sie sollten offenbleiben und immer wieder gestellt werden. In einem Standardwitz über den Psychoanalytiker leidet Moritz unter Bettnässen. Nach einem Jahr Psychoanalyse sind die Laken nass geblieben, aber das Symptom macht Moritz Spaß. Dieser Witz ist durchaus gelungen, weil er das Denken über die Beseitigung eines Symptoms hinaustreibt. Er entfaltet sozusagen subversive Qualitäten: Lust darf zugelassen werden, das Symptom selbst ist keine Schande mehr.

Wir können die vorherrschenden Vorstellungen von Normalität in einer Gesellschaft als festen Rahmen ansehen und als geheilt definieren, wer künftig ohne Angstzustände oder einen Waschzwang leben kann, auch wenn er über seinen Beruf oder seine Ehe nach wie vor unglücklich ist. Dass sie sich auch auf dieses Unglück einlässt, macht die Faszination der Psychoanalyse ebenso aus wie ihr Querliegen in den Systemen der Krankheitsbürokratie.

Vielleicht weil sie ihrem Kern dem Fortschrittsglauben der Naturwissenschaft widerspricht und von einem ungläubigen Juden entdeckt wurde, trägt die Psychoanalyse eine Portion eigener Fremdheit in sich. Sie hat diese Erfahrung vertiefen können, weil viele deutsche Psychoanalytiker emigrieren mussten und als Fremde in einer anfangs fremden Sprache Freuds Lehre weiterentwickelten, während eine »deutsche Seelenheilkunde« ihren Kotau vor dem Nationalsozialismus vollzog, angeführt von einem Verwandten des Reichsmarschalls Göring.

Während die meisten Lehranalysen, die in der Ausbildung von Psychoanalytikern vorgeschrieben sind, kulturell homogen bleiben, gibt es in der täglichen Praxis immer häufiger Patientinnen und Patienten, die aus einem anderen Kulturkreis kommen. Es ist im Grund eine Selbstverständlichkeit, dass die Abstinenz in der analytischen Situation verlangt, gegenüber allen Wertvorstellungen (also auch den kulturell geprägten) die gleiche Distanz zu halten. Aber es ist keineswegs einfach, dieses Ideal der kulturellen Neutralität mit Inhalt zu füllen. Gerade weil wir uns durch den Angehörigen einer fremden Kultur verunsichert fühlen, neigen wir dazu, das Fremde nicht fremd sein zu lassen, sondern seine Leerstellen mit eigenen Traditionen und Idealen zu ergänzen.

Jüngst haben Hediaty Utari-Witt und Ilany Kogan[2], beide Psychoanalytikerinnen mit Migrationshintergrund, in einem Sammelband die Rolle der Migration in Psychoanalysen untersucht. Ich greife eine Szene aus dem Buch heraus, die mir in Erinnerung geblieben ist. Sie stammt aus einem Bericht über die Supervision von Therapeuten, die sich auf das Abenteuer einer interkulturellen Analyse einlassen. Ilany Kogan beschreibt ihren Schrecken und ihre Unsicherheit, als der Behandler einer 16-jährigen, durch den Mord an ihren Eltern und eine Zwangsehe mit dem Mörder traumatisierten Frau über den Wunsch der Patientin berichtete, sich beide Brüste amputieren zu lassen. Entweder müsse der Therapeut diesen Wunsch unterstützen und ein entsprechendes Gutachten schreiben, oder sie werde die Behandlung abbrechen und sich töten.

Diese Situation war umso schockierender, als die Behandlung anfangs gute Fortschritte gemacht hatte und die zunächst sehr depressive

Patientin in dem Heim für jugendliche Flüchtlinge und in der Schule Freunde fand und ihre Sprachkenntnisse verbesserte. Kogan kam zu dem Schluss, dass sich hinter diesem Wunsch nach Selbstverstümmelung eine Traumatisierung verbergen musste, die bisher noch nicht zur Sprache gekommen war. Zusammen mit dem jungen Arzt, der die Afrikanerin behandelte, kam sie zu dem Ergebnis, den Wunsch nach dem Eingriff gegen ihr weibliches Geschlecht erst einmal genauer zu untersuchen. War es möglich, herauszufinden, ob sich in dem Wunsch nach Brustamputation die Inszenierung eines bisher noch nicht bekannten Traumas verbarg?

Es stellte sich heraus, dass die junge Frau, als sie noch behütet bei ihren Eltern lebte, von einer Gruppe von Frauen aus ihrer Sippe beiseitegeführt und dann aus heiterem Himmel gepackt und festgehalten wurde. Eine der Frauen amputierte ihr die Klitoris, während sich vehement wehrte. Seit die junge Frau sich von den Schrecken des Krieges, ihrer Zwangsheirat und der Flucht erholt hatte, entdeckte sie auch, dass junge Männer sich für sie interessierten. Jetzt fühlte sie wieder die Gefahr, Opfer eines brutalen Mannes zu werden.

Hinter dieser jüngeren Brutalität tauchte nun der Verlust des Glaubens an die elementare Güte der Eltern auf, die sie der Beschneidung ausgeliefert hatten. Der Wunsch nach Selbstzerstörung formte dann einen Kompromiss zwischen den Schuldgefühlen gegenüber den Eltern, die so grausam für ihr Versagen bestraft worden waren, und der Vermeidung der gefährlichen sexuellen Begegnung. »Der Wunsch nach einer Amputation ihrer Brüste war Ausdruck ihres Bedürfnisses, sich vor der Gefahr zu schützen, eine Frau zu sein. Gleichzeitig war die Wiederholung des Kastrationstraumas an ihrem Körper möglicherweise ein unbewusster Ausdruck ihres Wunsches, für den Mord an ihren Eltern bestraft zu werden«, fasst Kogan zusammen. »Am Ende einer langen Therapie lebte und arbeitete Wumba unabhängig, sie war jedoch nicht in der Lage, ein enges Liebesverhältnis einzugehen.«[3]

Distanz und konstruktives Fremdbleiben gehören zur Substanz der Psychotherapie. Aber über das Ende einer Behandlung gibt es Kontroversen und unterschiedliche praktische Erfahrungen. Manche Patienten beenden ihre Behandlung und tauchen nie wieder auf. Andere suchen später in einer neuen Krise wieder Hilfe bei dem vertrauten Behandler. Hier raten manche Therapeuten zur Arbeit mit einem anderen Fachmann, womöglich auch mit einer neuen Methode. Andere zögern nicht, den unterbrochenen Faden weiterzuspinnen. Dieses Vorgehen scheint gerade bei den gegenwärtig verbreiteten narzisstischen Störungen als *Therapy on Demand* angebracht.[4] Der über die Kränkbarkeit eines Patienten gut orientierte Therapeut kann oft in wenigen Sitzungen eine Stabilisierung erreichen, die in einer neu begonnenen Therapie nur durch sehr viel höheren Aufwand gewonnen werden könnte.

Sinnvoller als das Bild des Schülers, der dem Lehrer dankbar sein soll, des Kindes, das den Eltern verpflichtet bleibt, scheint in der Psychotherapie das Modell zweier Menschen, die voneinander in einer speziellen Situation gelernt haben. Sie sind sich nähergekommen und doch fremd geblieben, weil freundschaftliche oder erotische Abhängigkeit dem Unternehmen im Wege steht.

So gibt es auch bei den zufälligen Begegnungen von Therapeut und Patient nach ihrer Zusammenarbeit kein eindeutiges Muster. Manche Analytiker glauben, dass nach einer besonders sorgfältigen Bearbeitung der Übertragung der Patient seinen Analytiker auf der Straße nach einem Jahr nicht mehr erkennen wird. Die Erfahrung spricht eher dafür, dass der Grad des Fremdbleibens wie so vieles andere nicht vorausgesagt werden kann. Bald wird der Therapeut übersehen, bald wird er freundlich begrüßt, bald dominiert Verlegenheit über den Bruch des vertrauten Rituals. Wir wissen es nicht und dürfen uns überraschen lassen.

# Anmerkungen

1 Wolfgang Schmidbauer: *Die deutsche Ehe. Liebe im Schatten der Geschichte.* Zürich 2015.

2 Hediaty Utari-Witt, Ilany Kogan (Hrsg.): *Unterwegs in der Fremde. Psychoanalytische Erkundungen zur Migration.* Gießen 2015.

3 Ilany Kogan: »Supervisor, Therapeut und Patient. Eine psychoanalytische Annäherung an therapeutisches Arbeiten mit Flüchtlingen«. In: Utari-Witt/Kogan 2015, S. 101–113, hier S. 110.

4 Wolfgang Schmidbauer: *Narzisstische Störungen. Plädoyer für eine Therapie »on demand«.* Edel.eBooks 2013.

# Literatur

Akhtar, Salman: *Immigration und Identität.* Gießen 2007

Feldmann, Robert E.; Seidler, Günter H. (Hrsg.): *Traum(a) Migration.* Gießen 2013

Freud, Sigmund: *Bemerkungen über die Übertragungsliebe. Gesammelte Werke Band X.* Frankfurt am Main 1950

Freud, Sigmund: *Das Unbehagen in der Kultur. Gesammelte Werke Band XIV.* Frankfurt am Main 1950

Freud, Sigmund: *Die endliche und die unendliche Analyse. Gesammelte Werke Band XVI.* Frankfurt am Main 1950

Kogan, Ilany: »Supervisor, Therapeut und Patient. Eine psychoanalytische Annäherung an therapeutisches Arbeiten mit Flüchtlingen«. In: Utari-Witt, Hediaty; Kogan, Ilany (Hrsg.): *Unterwegs in der Fremde. Psychoanalytische Erkundungen zur Migration.* Gießen 2015, S. 101–113

Schmidbauer, Wolfgang: »Der Psychoanalytiker und das Irrationale«. In: Duerr, Hans-Peter: *Der Wissenschaftler und das Irrationale. Zweiter Band.* Frankfurt am Main 1981, S. 629–649

Schmidbauer, Wolfgang: *Die deutsche Ehe. Liebe im Schatten der Geschichte.* Zürich 2015

Schmidbauer, Wolfgang: *Narzisstische Störungen. Plädoyer für eine Therapie »on demand«.* Edel. eBooks 2013

*Thomas Kron, Pascal Berger*
# Moderner Terrorismus
Fremd und nahe zugleich – eine Annäherung

> *Seid ihr von der Judäischen Volksfront?*
> *Judäische Volksfront? Quatsch!*
> *Wir sind die Volksfront von Judäa!*
> (Aus: *Das Leben des Brian*, Filmkomödie 1979)

Spätestens seit dem 11. September 2001 bedroht die westliche Welt ein »neuer Terrorismus« – so lautet eine Selbstbeschreibungsformel. Ein Terrorismus, der aus dem Nahen Osten kommt und trotz der Ferne mittlerweile ein gewisses Gewohnheitsrecht proklamieren darf in dem Sinne, dass man nicht wird sagen können, nicht darum gewusst zu haben. Man kennt sich. Dieser Terror ist nahe gekommen und den Menschen auch in Europa nicht mehr fremd, was nicht nur an den Anschlägen etwa in Madrid (2004), London (2005) oder Paris (2015) liegt, sondern mehr an jenen Dingen, die unseren Alltag durchströmen und eher dem »War on Terror« geschuldet sind, etwa die erhöhten Sicherheitsmaßnahmen an Flughäfen, das Ausspähen der eigenen Bürger etc. – und vor allem das Gefühl, permanent bedroht zu sein. Man könnte sagen, dieser Terrorismus ist nah und fern zugleich. Diese Merkwürdigkeit, dass etwas seinem Gegenteil entspricht, scheint sogar ein wesentlicher Charakterzug des neuen, transnationalen Terrorismus zu sein.[1] Um ein weiteres Beispiel zu nennen, sei auf den sogenannten Konvertiteneffekt verwiesen. Zunehmend sind es nämlich nicht mehr »die Anderen«, die als die terroristischen Feinde auftreten, sondern es sind wir selbst, die Freunde, die sich in kürzester Zeit wandeln, zum Islam konvertieren, sich radikalisieren und zum Terror übergehen. Man könnte sagen, dass es sich gerade deshalb *nicht* um einen Krieg handelt, wie der ehemalige US-Präsident George W. Bush oder jüngst Frankreichs Präsident François Hollande meinten ausrufen zu müssen, weil die Eindeutigkeit der Unterscheidung von Freund und Feind verloren gegangen ist und der Fremde Einzug gehalten hat. Wir möchten in diesem Beitrag zuerst zeigen, dass wir, die Modernen, diese Fremden produziert haben. Diese Fremden reagieren dann mit Terror. Und produzieren damit wiederum uns als Fremde. Übersehen wird dabei die notwendige Nähe, die das Fremde impliziert.

## Lebenssoziologie

Zur Beleuchtung dieses Phänomens greifen wir auf die lebensphilosophische beziehungsweise lebenssoziologische Figur von Georg Simmel[2] zurück. Simmel hat die These aufgestellt, dass letztlich alles Leben in einem fortdauernden Prozess der Entfremdung steht, welche zugleich zu ihrer Überwindung auffordert. Leben ist ein kreativer Prozess einer – um es mit der Formel des Ökonomen Joseph Schumpeter zu sagen – schöpferischen Zerstörung: Leben schafft Formen – Organismen, Institutionen, Denk- und Verhaltensweisen, Sprachen etc. –, um diese gleich wieder zu überwinden. Diese Kreativität des Lebens speist sich nach Simmel aus einem schier *unerschöpflichen* Pool von Rekombinationsmöglichkeiten, seien es genetische, psychologische oder soziale. Als schöpferische Kraft kann sie nur wirken, indem sie eine *konkrete* Form annimmt. Weil das Leben seinen Möglichkeitshorizont in keiner Form erschöpft sieht, drängt es zu deren Überwindung, Zerstörung oder Sprengung, und setzt eine andere Form an deren Stelle, die jedoch das gleiche Schicksal erfahren wird.

Genau in diesem Bewegungsakt von Formung und Überwindung sah Simmel das Wesen geradezu allen Lebens, weshalb er es nicht auf Biologisches – hier: Rekombination und Sterblichkeit individueller Organismen – beschränkt, sondern Geist und Gesellschaft ebenso als Artikulationsebenen des Lebens verstanden wissen wollte. Oder, um es noch einmal mit anderen Worten zu sagen: Die Selbstentfremdung des Lebens besteht in der konstitutiven, nicht überwindbaren Differenz zwischen dem unbestimmten Horizont möglicher Formen und den jeweils historisch aktualisierbaren Formen.[3] Dass die Form dem Moment nie genügt, diese Erfahrung von Entfremdung, dem Drängen aus den starren Formen heraus in irgendwie passgenauere, für den Moment zumindest anschmiegsamere Formen ist in der Moderne allgegenwärtig geworden.

Formen stellen sich gegen Formen, drängen zu deren Überwindung – im Krieg wie in der überzeugenden Rede, in der Innovation wie im sprachlichen Wandel, oder im Ringen um Leben und Tod des biologischen Organismus. Diese Differenz markiert bei Simmel eine permanente Spannung, an der sich das Leben abarbeitet, und die Formen[4] (!), in denen es das tut, sind Simmel zufolge – nur um eine hier naheliegende Auswahl zu nennen – Krieg, Tod, Konflikt, Zerstörung. Die Formen des Lebens sind jedoch robust, sie besitzen eine ihnen wesenhaft innewohnende Beharrungskraft. Wir sind alle zum Sterben verdammt und setzen unsere Überlebensinstinkte dem sicheren Tod entgegen. Gesellschaften steigen auf und gehen unter – und beharren auf ihrem Anspruch auf (soziales) Leben. Dies liefert das theoretische Fundament für die grundlegende Paradoxie, die Simmel in jedem Vergesellschaftungs- wie Individuierungsprozess sah: Leben ist mehr als Leben und mehr Leben zugleich! Innerhalb der modernen Gesellschaft taucht diese Paradoxie als *innere Entfremdung* wieder auf.

### Die moderne Form des Lebens

Betrachten wir vor diesem Hintergrund die *Form der modernen Gesellschaft*, dann können wir mit Zygmunt Bauman sehen, dass sie sich in der Gestalt einer *Dichotomisierung* zeigt. Für Bauman[5] ist es gerade *der* Charakterzug der modernen Kultur, die Welt nach streng getrennten Kategorien zu ordnen. Dies ist gedeckt durch die christliche Anschauung: De Crescenzo[6] sieht die Dichotomisierungsanschauung des Manichäismus äquivalent zur christlich-modernen Neigung der Aufteilung der Welt in zwei strikt getrennte Sphären: »Selbst Jesus, dem doch Vergebung nicht fremd war, sagt in seiner Bergpredigt sehr streng dualistisch: ›Eure Rede aber sei: Ja, ja, nein, nein! Was darüber ist, das ist von Übel.‹« Bauman[7] zitiert in diesem Kontext moderner Weltanschauung die Deutung Mizińskas aus den *Offenbarungen des Johannes* (3,15–17): »Ich kenne euer Tun. Ich weiß, dass ihr weder warm noch kalt seid. Wenn ihr wenigstens eins von beiden wärt! Aber ihr seid weder warm noch kalt; ihr seid lauwarm. Darum werde ich euch aus meinem Mund ausspucken.« »Der Zorn und die Verachtung Gottes«, so Bauman weiter, »des obersten ethischen Gesetzgebers, richten sich gegen die Lauwarmen, die ›weder Heißen noch Kalten‹ [...]. Gott *bestraft* sie nicht wie die Sünder – er ›spuckt sie aus‹; eine Geste, die ›Abscheu, Widerwillen, Ekel‹ signalisiert. Die Lauwarmen sind nicht auf dem falschen Weg, wie es nur die ›Heißen‹ oder ›Kalten‹ sein können – sie haben sich aus der menschlichen Gemeinschaft verabschiedet, in der die Unterschiede zwischen richtig und falsch, gut und böse, eine zentrale und sinngebende Rolle spielen. Mit ihrer Indifferenz gegenüber den Anderen, die außerhalb der Grenzen des möglichen Engagements stehen, begehen die Lauwarmen keine moralische Sünde: Tatsächlich platzieren sie sich vielmehr jenseits aller Ethik.« Die modernen Leitunterscheidungen gestalten sich dementsprechend: Wir versus die Anderen, Freund versus Feind oder, noch konkreter zu Zeiten des Kalten Krieges: die USA und der Westen versus das Reich des Bösen (»der Russe«). Im Kampf gegen den Terrorismus nach 9/11 erhielt der Inhalt das Update: Wir, die Modernen, versus »die Achse des Bösen« (wahlweise zutreffend auf al-Qaida, Irak, Iran, Muslime etc.).

Die moderne Ordnung des Lebens hat die Form der Dichotomisierung! Gegen Bereiche der Unordnung wird ein erbitterter Krieg geführt: »Culture is about introducing and keeping an order and fighting everything that departs from it and that from the point of view of this order looks like chaos.«[8] Das dem hygienischen Dual der Ordnung Widersprechende wird bekämpft, indem alles, was die dichotome Ordnung stört, ausgeschlossen wird. Diese Form des strikten Dualismus beharrt, sie pocht auf Geltung, produziert aber damit eine Entfremdung gegen das Leben, das sich nicht in der Form erschöpfen kann. Es reibt sich am Dualismus, es widerstrebt ihm – und drängt umso stärker zu deren Überwindung. Anders formuliert nimmt Bauman an, dass derartige dichotome Kategoriensysteme *inhärent* immer einen Rest – Leben! – miterzeugen, der sich nicht in die Kategorien fügen kann. Man könnte vom *blinden Fleck dichotomer Kategorien* sprechen. Bauman selbst bezieht sich in seinen Beschreibungen der modernen Gesellschaft bezeichnenderweise auf Simmels Figur des Fremden. Der Fremde, so Baumans Adaption des simmelschen Fremden, unterwandert dichotome Unterscheidungen (von Freund versus Feind beziehungsweise Wir versus die Anderen), was die *soziale* Ordnung der Moderne verletzt. Der Fremde steht für die *erkennbare* Gefahr, die Ordnung des Kategorien- beziehungsweise Unterscheidungssystems zu zerstören. Der Fremde gehört weder dazu, noch gehört er *de facto* nicht dazu; er ist weder ausgeschlossen noch integriert. Er ist integriert exkludiert – die Restkategorie, in die sich das nicht in die Form fügende, deshalb zugleich eine potenzielle Gefahr darstellende gesellschaftliche Leben kleidet.

Für die Begegnung mit einem solchen Fremden stehen der dichotom geordneten Moderne keine geeigneten Umgangsweisen zur Verfügung, denn die Begegnung mit einem Fremden ist von Inkongruenz und Regelinkompatibilität gezeichnet:»[...] tatsächlich ist der Fremde eine Person, die mit einer unheilbaren Krankheit, der multiplen Inkongruenz geschlagen ist. Der Fremde ist aus diesem Grund das tödliche Gift der Moderne.«[9] Diese existenziell inkongruente Konstitution verhindert jede Chance der Assimilation. Man muss deshalb, um mit Fremden zu leben, die Fertigkeit der *Vergegnung* beherrschen: Jene Gewandtheit, andere in die Sphäre der Nichtaufmerksamkeit zu rücken:»Die allgemeine Wirkung, die in der Entfaltung der Kunst der Vergegnung liegt, heißt Desozialisierung des potenziellen sozialen Raumes oder Schutz des physischen Raumes.«[10] Vergegnung kann viele Ausprägungen annehmen, der Holocaust wird als eine historische Maßnahme von Bauman beschrieben. Die Funktion ist: die unbedingte, wenn nötig brutalste Erhaltung der geheiligten Form des dichotomen Unterscheidens.[11]

Diesem Vorgang ist nicht zu entkommen, denn jedes Unterscheiden erzeugt Fremdes. Das *dichotome, exklusive* Unterscheiden *verschärft* das Problem, weil per se *alles* das, was *zwischen* den beiden Seiten einer verwendeten Unterscheidung liegt – Hybride –, nicht auf die Extrema der beiden Seiten der Unterscheidung zugerechnet werden kann beziehungsweise darf und folglich als Abfall gelten muss. Dieser »Abfall wird [...] zu einer Verkörperung der Ambivalenz.«[12] »Das Problem der Moderne ist, dass der Feind nun *im* System, *innerhalb* der Grenzen des Systems in der Form des Unpassenden vorkommt. Die Ambivalenz ist, dass es augenscheinlich Elemente in und unter uns gibt, die faktisch nicht zu uns passen. Und deshalb müssen diese ambivalenten Elemente ausgestoßen, ausgesondert, weggeschafft werden.«[13] Bleiben wir bei den oben genannten modernen Unterscheidungen, dann sehen wir als »Fremdes« in der Unterscheidung von »wir/die Anderen« etwa die Ausgegrenzten[14] und als »Fremdes« in der Unterscheidung von »Freund/Feind« bis 9/11 unter anderem die Muslime. Keine »Säuberung« kann jedoch das Widersinnige dauerhaft im Zaum halten. Im Gegenteil, mit der Rigidität der Dichotomie nimmt der Spannungsgrad zu, mit dem das Leben sich gegen seine Entfremdung stellt – notfalls mit Gewalt.

### Terror: Das Leben überwindet die Form

Das Argument ist, Terrorismus als eine Form des Lebens zu fassen, in welche sich das Leben gießt, wenn es gegen jene Form ankämpft, in der es nicht mehr zum Ausdruck kommt. In diesem Widerstreit, dem Ringen und Anspruch auf Durchsetzung zwischen den fremd wie feindlich gegenüberstehenden Formen, besteht wiederum das Lebensprinzip selbst. Baumans »Abfall« kleidet sich in Formen, die die Moderne annehmen muss, um ihre eigene Entfremdung zu überwinden, wenn auch ohne Aussicht, diesen Prozess beenden zu können. Sofern der Prozess der Entfremdung als ein der modernen Lebensform *inhärenter* Prozess verstanden wird, ist der Terrorismus sowohl modern als auch nicht modern. Fremd und zugehörig, fern und nah zugleich ist Terrorismus immer schon modern gewesen. Wir kommen gleich darauf zurück. Zuerst verwundert nun nicht mehr, dass die Terroristen an die moderne Unterscheidungsanschauung anschließen und der Dichotomisierung grundsätzlich[15] anhaften – gleichsam als Leitunterscheidung einen anderen Inhalt wählen. Die Leitunterscheidung der islamistischen Terroristen lautet Gläubige versus Ungläubige. Wer sich auf welcher Seite wiederfindet, ist natürlich genauso willkürlich wie bei den »klassisch« modernen Unterscheidungen. Konkretisiert wird die Leitunterscheidung Gläubige versus Ungläubige durch die Unterscheidung von Allah versus Satan, spezifiziert durch die Unterscheidung von Umma versus USA.[16]

Die Gründe und Motive dafür, warum Menschen sich zum Terrorismus hinwenden, sind vielfältig. Die Forschung ist sich lediglich einig, dass es keine einzelne, nicht *die* bestimmte Ursache, keine »root cause« gibt, sondern vielfältige Bedingungen. Genau darin, in der Fähigkeit, sich eine Vielfalt von Inhalten einordnen zu können, besteht nach Simmel der evolutionäre »Erfolg« von Formen. Je mehr »Motive« die Formen auf sich vereinen können, desto stabiler werden sie, umso mehr gerinnt die Form zu einer robusten, beharrungs- und widerstandsfähigen Form. So wird etwa immer wieder auf relative soziale Deprivationen verwiesen, das heißt, dass sich viele Menschen aus dem Nahen Osten im Vergleich zu anderen Staaten und besonders im Vergleich zu westlichen Gesellschaften benachteiligt fühlen und gleichsam diese Nationen für die Benachteiligungen verantwortlich machen. Die Tatsache, dass viele Staaten als »schwache« oder sogar »gescheiterte« Staaten zu betrachten sind, da sie einige Sicherheitsfunktionen nicht mehr hinreichend erfüllen können, wird als weitere Bedingung ebenso ins Feld geführt wie eine vorhandene »Ökonomie des Terrors« und eine Sozialkultur, welche stark durch religiöse Vorgaben des Islams geprägt ist, der in seiner Deutungsoffenheit unter anderem das Konzept des Dschihad beinhaltet, welcher als eine Legitimationsfolie für terroristische Akte – in der Selbstwahrnehmung dann: Selbstverteidigung –

dient. Soziale Deprivation, politische Instabilität, Ressourcenausstattung, religiös-islamischer Fundamentalismus – was sie eint, ist die Form, mit der sich das gesellschaftliche Leben gegen die eigene Entfremdung stemmt. Die Form des Terrorismus ist ihr Konvergenzpunkt. Und je mehr »Energie« ihm aus den heterogensten Bereichen »zugeführt« wird, desto stabiler wird diese Form sein, umso schwerer wird es sein, diese Form des Konfliktes zu überwinden. *Dass* diese Motive sich in der Form des Terrorismus zusammenfinden und nicht zum Beispiel in einer friedlichen Form des Widerstandes, ist wesentlich auf eine Anpassung an die Strategie der anderen Akteure zurückzuführen, welche die Gründe und Motive der historischen Formierung des Terrorismus massiv mitgeprägt haben – zuallererst die Strategie der USA mit ihrem vorbeugenden militärischen Imperialismus.[17]

### Das Fremde des Terrors

Wenn das bisher Gesagte, die Interpretation des Terrorismus aus der lebenssoziologischen Perspektive Simmels, richtig ist, dann ist noch offen, was nun das Fremde dieser genuin modernen Form des Lebens ist, welches der Terror aus sich heraus produzieren *muss*. Was ist die andere Seite, der blinde Fleck des Terrors? Wir können nur mutmaßen: Der blinde Fleck des Terrorismus ist die Gemeinsamkeit, die Nähe zum Feind! Die Leitunterscheidung von Gläubig versus Ungläubig verdeckt, dass der Andere – der Westen, die USA etc. – Nähe zu den Terroristen aufweist. Dies ist eine für die Aufrechterhaltung jener die Form des Terrors konstitutiven Leitunterscheidung gefährliche Nähe, weshalb sie verschleiert, invisibilisiert werden muss. So wie der Fremde durch Vergegnung exkludiert werden muss, damit die Unterscheidung von Freund und Feind in ihrer Reinheit erhalten bleibt, so muss die Nähe des Terrors verborgen bleiben, damit die Reinheit der Unterscheidung von Gläubigen und Ungläubigen bewahrt bleibt. Der Terrorist muss sich dem Ungläubigen zum Unbekannten, zum Fremden im alltäglichen Sinne machen, auch wenn dieser genau besehen nahe ist – im Alltag beim Einkauf, auf der Arbeit oder an der Universität. Die Form funktioniert, wenn sie die notwendig mitproduzierte Nähe umkehrt in Fremdheit und Aversion.[18] Diese Nähe beginnt im Falle des islamistischen Terrorismus damit, dass der Dschihad als Ergebnis einer wechselseitigen, fortdauernd konfliktbeladenen Anpassung des Ostens und des Westens begriffen werden muss. Wir hatten ja bereits gesagt, dass der Terrorismus, verstanden als ein Ausdruck des Fremden in der Moderne, immer schon modern gewesen ist. Nach Bassam Tibi muss man den Dschihad als »Ausdruck gegenseitigen Austauschs und Einwirkens aufeinander«[19] begreifen. Dabei kamen sich Ost und West immer wieder nahe, bisweilen gefährlich nahe, bis hin zum tödlichen Konflikt, nur um in eine umso stärkere innere Distanz zueinander zu kommen. Zugleich standen sie in Beziehungen des politischen, kulturellen und ökonomischen Austauschs. Ort des Anpassungszwangs ist der Mittelmeerraum, der zu einer »euro-islamischen Nachbarschaft«[20] zwingt. Auf die islamische Expansion in Europa im siebten und achten Jahrhundert sowie in der osmanischen Epoche ab dem 14. Jahrhundert mit dem Höhepunkt der Eroberung Konstantinopels 1453 folgte der Niedergang der zivilisatorischen Errungenschaften des Islams, begleitet durch die Kreuzzüge aus dem Westen und die Mongolen-Invasion aus dem Osten. Die Kreuzzüge werden fortan als Vergleich dienen, wann immer der Westen in den Osten einzudringen versucht, sei es gewalttätig im Zuge der Kolonialisierungen, sei es durch kulturelle (zum Beispiel Individualismus) oder wirtschaftliche (»Coca-Cola«) Penetration. Die damit verbundenen Belastungen der Beziehungen sind folglich mit den Konzepten des Kreuzzugs sowie des Dschihad als militärische Komponenten des jeweiligen Universalismus verbunden, da beide Konzepte in der politischen Umsetzung ihrer universalistischen Weltanschauungen nichts anderes sind als Versuche der Welteroberung.[21] Die Ausdeutung der traditionellen Konzeption des Dschihad geschieht vor dem Hintergrund der Interpretation und Evaluation der – aus der islamistischen Sicht bis heute andauernden – Kreuzzüge.

Erst in jüngster Zeit wird der Dschihad als Reaktion auf die westliche Geopolitik im Sinne einer Rückeroberung wiederbelebt. Der Dschihad legitimiert, dass Angriff nun die beste Verteidigung bedeutet. Ein wichtiger Vordenker für die Wiederbelebung des Dschihad-Konzepts war der Ägypter Sayyid Qutb, der 1966 wegen »staatsfeindlicher Handlungen« in Ägypten hingerichtet wurde. An dieser Person kann man die dann später in Terror umschlagende Nähe personal beispielhaft studieren. Qutb sah nach einer Reise in die USA eine generelle Verwahrlosung der Sitten, man müsse nur in die Presse und Spielfilme sehen oder sich die Bars anschauen, um zu begreifen, dass die USA einem großen Bordell gleichkommen. Hinzu kommt das Regiment des Systems des Wuchers, welches die Gier der Menschen befriedige und zu Betrug, Profitsucht usw. antreibe. Der Verlust der religiösen Orientierung, so kann man seine Bewertung zusammenfassen, führe zu einer dekadenten, egozentrischen Gesellschaft, für welche die USA idealtypisch sind. Nur die Rückbesinnung auf Gott könne in dieser Situation helfen. Da es aber keinen entsprechenden Gottesstaat mehr gebe, müsse man wie einst der Prophet Mohammed gegen seine heidnischen Landsleute in vier Schritten vorgehen: 1) eine eigene gläubige Gemeinschaft gründen, dann 2) aus der eigenen, nicht gottgefälligen Umgebung ausziehen, 3) den Kampf mit dem Gegner aufnehmen und schließlich 4) den Islam wieder einführen. Für Simmel war diese Kombination innerlicher Distanz bei gleichzeitiger räumlicher oder sozialer Nähe bezeichnend für das, was er unter *Fremdheit* verstand. Kommt man sich zu nahe, kann die latente Aversion in offenen Hass gegenüber dem zum ungläubigen Feind erklärten Anderen umschlagen.

Der islamistische Terrorist sieht sich in der eigenen Entwicklung maßgeblich von der Entwicklung des Westens abhängig, »und doch innerlich sich völlig fremd, in der ganzen Wesensart ohne gegenseitiges Verständnis und in den Machtinteressen einander absolut feindlich – dieser Haß war [...] erbitterter, als er zwischen äußerlich und innerlich getrennten Stämmen überhaupt aufkommen kann«.[22] In besonders augenscheinlicher Form zeigt sich die Nähe als das Fremde des Terrors beim sogenannten Konvertiteneffekt. Vor der Blaupause absoluter Gleichheit, da im Westen geboren und aufgewachsen, setzt die religiöse Auslegung, die keinen gesellschaftsübergreifenden Faktor in funktional differenzierten, größtenteils säkularisierten Gesellschaften mehr darstellt, die entscheidende Differenz. Dies bewirkt, »daß das Auseinandergehen an einem ganz unbedeutenden Punkte sich durch die Schärfe des Gegensatzes als etwas ganz Unerträgliches fühlbar macht«.[23] Die Radikalität der Terroristen, die zum extremsten Mittel greifen – die Selbsttötung als Mittel zur Tötung des Feindes –, erklärt sich vor dem Hintergrund dieser Differenz: Die vorherige Einheit, an der man beteiligt gewesen ist, zerbricht, und umso stärker wendet man sich gegen diese, so wie beim Hass aus gebrochener Liebe: Der Irrtum über die eigene Wahl »ist eine solche Bloßstellung vor uns selbst [...], daß wir unvermeidlich den Gegenstand dieser Unerträglichkeit für sie büßen lassen«.[24] Man teilt eine gemeinsame Vergangenheit, eine gemeinsame Herkunft, und genau diese ursprüngliche Gemeinsamkeit ist es, die bei einer einmal eingeschlagenen Divergenz – Entfremdung – umso heftiger durchschlagen kann. Wendet sich das Individuum gegen die Form, deren entfremdeter Teil es ja noch immer ist, schlägt der Konflikt gegen die Form durch. Immer mehr zeigt sich dieser Mechanismus im neuen Profil des »hausgemachten Terrorismus«.[25] Sowohl die Anschläge von 09/11 als auch von London 2005 (ebenso wie die Attentate islamischer Kurden in der Türkei, von Arabern in Riad, von Marokkanern in Casablanca oder von Ägyptern auf dem Sinai) oder Paris 2015 zeigen, dass die Terroristen *nah und fern zugleich* sind: Sie sind nah, weil sie im Anschlagsland aufgewachsen und habituell nicht von anderen Bürgern unterscheidbar sind. Sie studieren, arbeiten und leben vorgeblich ein normales, zum Beispiel westlich geprägtes Leben. Zugleich sind sie fern, weil sie sich selbst nicht als Teil *dieser* modernen Form des gesellschaftlichen Zusammenlebens, sehr wohl aber als Teil einer anderen, dichotom organisierten Form zugehörig begreifen: der der Gläubigen, die sich den Ungläubigen gegenübersehen. Umgekehrt ist die äußerliche Ununterscheidbarkeit modernen Lebens schon ein Teil ihrer Entfremdung: Man kennt sich zwar, arbeitet und studiert miteinander und man kennt sich zugleich nicht, nicht persönlich, jedenfalls mit Abstand in den meisten Beziehungen. Man ist sich räumlich nahe, ist auf enge Zusammenarbeit angewiesen, doch genau dem entspricht ein mehr oder minder ausgeprägtes Verhältnis innerer Distanz. Dies kann man für persönliche Freiheitsspielräume nutzen, man kann täuschen – und/oder sich so wenig mit der Form, in der modernes Zusammenleben möglich ist, identifizieren, bis man gegen sie rebelliert.

Mohammed Atta etwa ist ein typisches Beispiel für einen solchen hausgemachten Terroristen. Nach außen hin ein ordentlicher Student einer deutschen technischen Hochschule, der auf Einladung eines deutschen Lehrerehepaares 1992 nach Hamburg kam. Bei seinen Hochschullehrern oder Kommilitonen fiel er niemals durch politisches Interesse auf. Die Leistungen waren so gut, dass man in ihm einen intelligenten zukünftigen Stadtplaner sah, der bei der Modernisierung der ägyptischen Gesellschaft eine wichtige Rolle würde spielen können. Dass er zugleich von seinem sozialen Umfeld im Studentenmilieu abgekapselt war, sich möglichst strikt an die Anweisungen des Koran hielt und somit auf jegliche Vergnügung verzichtete, kann man *im Nachhinein* leicht im Sinne der Anschlagsplanung ausdeuten. *Vorher* ist es offensichtlich nicht möglich gewesen. Und das kann es auch kaum, wo die Entfremdung zwischen den Individuen konstitutiv für die Form modernen Zusammenlebens ist. Für Simmel jedenfalls liegt gerade in diesem merkwürdigen Neben- beziehungsweise Ineinander von Nähe und Distanz ein Grund für die Hinwendung zum Gewaltakt: »Ja, daß überhaupt eine Differenz der Überzeugungen in Haß und Kampf ausartet, findet meistens nur bei wesentlichen und ursprünglichen Gleichheiten der Parteien statt.«[26] Ist die Abspaltung erst einmal geschehen, und der konvertierte Akteur löst sich von der Ursprungsgruppe ab, müssen Unterschiede umso stärker betont werden, da die Gemeinsamkeit noch »nachklingt« und die sich »frisch« etablierende neue Leitunterscheidung gefährdet. Das heißt, der Andere wird auch dort zum Gegner gemacht, wo es aus rein sachlichen Gründen gar nicht vonnöten wäre.

Nähe und Gemeinsamkeiten figurieren das Andere des Terrors. Wie die Ausführungen zeigen sollten, funktioniert dies nach zwei Seiten hin: Einmal kann Nähe und Gemeinsamkeit eine bereits vorliegende innere Distanz bis hin zum Hass verstärken – dann wieder kann aus unmittelbarer Nähe eine Entfremdung erwachsen. In dem Bemühen der islamistischen Terroristen um die Konstruktion der westlichen Gesellschaft als das ungläubige Böse, das dem gläubigen guten Muslim gegenübersteht, zeigt sich die Notwendigkeit von tiefem, Nähe voraussetzendem Wissen über die »Ungläubigen«. Das ausgeschlossene Fremde des Terrors, das, was um jeden Preis zur Reinhaltung der eigenen Kategorien vermieden werden, dem man vergegnen muss, ist die Gemeinsamkeit, die *Nähe zum Ungläubigen*. Die These wäre dann, dass es gerade die Nähe ist, die zur Abstoßung und Aversion führt. Anders gesagt: Der Terrorismus muss den Gegner kennen, um ihn verletzen und sich als Freund tarnen, um Anschläge vorbereiten zu können.

## Schluss

Wir vermuten, dass der aufgezeigte Zusammenhang von Fremdheit und Terrorismus kein Spezialfall des islamistischen Terrorismus ist. Fremdheit, Nähe und Distanz sind gerade die *Form des Konfliktes*, entlang dessen sich das Leben bewegt. Ohne eine gewisse Nähe, ohne die Aussicht auf Berührung oder ein Maß von Abhängigkeit gäbe es keine Form, gegen die sich das Leben erheben könnte. Umgekehrt steht jede Form der Vergesellschaftung unter dem Schicksal, dem Anspruch auf Ausdruck von Individualität nicht genügen zu können. Die damit eingeschlossene Entfremdung schafft sich ihre eigenen Formen, die nach deren Überwindung drängen. Man ist sich nah und doch so fern. Und: Man ist sich zwar fern (territorial), aber trotzdem nah (gläubig/ungläubig). Jeglicher »sozialrevolutionäre Terrorismus« wie etwa jener der Roten Armee Fraktion (RAF), ist per se durch Nähe gekennzeichnet, welche sich mindestens territorial-staatlich auszeichnet: Man ist ja Teil dessen, was man revolutionieren möchte. Der »ethnisch-nationale Terrorismus« spezifiziert gerade diese Nähe durch die Betonung eines ethnischen Bevölkerungsanteils in der Gesamtbevölkerung, wie zum Beispiel die Euskadi Ta Askatasuna (ETA) in Spanien, die sich terroristisch für die baskische Autonomie eingesetzt hat. In ähnlicher Weise hat die Irish Republican Army (IRA) mehr Nähepunkte und Gemeinsamkeiten zum Gegner aufzuweisen als Differenzen.

Insgesamt wird deutlich, dass nicht nur die moderne Gesellschaft den Fremden erzeugt. Auch die Terroristen erzeugen ihren »Fremden«, generalisiert: den ausgegrenzten Dritten der orientierenden Leitunterscheidung. Und umgekehrt: Nicht nur machen die Terroristen uns fremd, auch wir machen die Anderen fremd, die wir im »War on Terror« nicht Freiheitskämpfer, sondern »Terroristen« nennen! Beide Seiten leugnen die Nähe, welche Anknüpfungspunkt für eine friedliche Koexistenz sein könnte – für eine ganz neue Form, in der sich das dann wirklich *post*moderne Leben fassen könnte.

### Anmerkungen

1 Dazu Thomas Kron: »Fuzzy-Terrorism«. In: Thomas Kron, Melanie Reddig (Hrsg.): *Analysen des transnationalen Terrorismus*. Wiesbaden 2007, S. 84–121.

2 Georg Simmel: *Lebensanschauung*. Berlin 1994. Siehe dazu Thomas Kron, Pascal Berger, Andreas Braun: »Simmel als Differenzierungstheoretiker«. In: *Sociologia Internationalis*, H. 1, 2013, S. 63–97, hier S. 92.

3 Man könnte mit Luhmann sagen: Dieser Verweis von Aktualität auf Potenzialität und vice versa ist der *Sinn* des Lebens.

4 Das simmelsche Konzept des Lebens ist per se paradox. Denn jeder Versuch, es zu beschreiben, ist bereits eine Form des Lebens und kann ihr nicht genügen. Das Gleiche trifft auf die Art und Weise zu, in der das Leben zur Überwindung seiner eigenen Formen drängt. Eine die Lebensbewegung erschöpfende Definition von Formen kann es nicht geben.

5 Zygmunt Bauman: *Moderne und Ambivalenz*. Frankfurt am Main 1992; Zygmunt Bauman: *Dialektik der Ordnung*. Hamburg 1992. Siehe dazu Thomas Kron, Melanie Reddig: »Die Kultur der Gegenwart bei Zygmunt Bauman«. In: Matthias Junge, Thomas Kron (Hrsg.): *Zygmunt Bauman*. Wiesbaden 2007, S. 401–425.

6 Luciano De Crescenzo: *Die Kunst der Unordnung*. München 1997, S. 152 f.

7 Zygmunt Bauman: *Verworfenes Leben.* Hamburg 2005, S. 13.

8 Zygmunt Bauman, Tim May: *Thinking Sociologically.* Sussex 2001, S. 143.

9 Bauman, *Moderne und Ambivalenz,* 1992, S. 82 f.

10 Zygmunt Bauman: *Postmoderne Ethik.* Hamburg 1995, S. 232.

11 Mary Douglas: *Reinheit und Gefährdung.* Berlin 1985.

12 Bauman 2005, S. 35.

13 Zygmunt Bauman: »Postmoderne als Chance der Moderne«. In: Theodor M. Bardmann (Hrsg.): *Zirkuläre Positionen.* Opladen 1997, S. 121–128, hier S. 123.

14 Heinz Bude: *Exklusion.* Frankfurt am Main 2007.

15 Strategisch benutzt der zeitgenössische Terror vom Typ al-Qaida allerdings ebenfalls Hybride – gerade weil die moderne westliche Gesellschaft damit ihre Probleme hat. Siehe Thomas Kron: *Reflexiver Terrorismus.* Weilerswist 2015, S. 362 ff.

16 Handlungsorientierend ist für islamistische Terroristen dann die Unterscheidung von Anschlag versus Fehlschlag. Siehe dazu Wolfgang Ludwig Schneider: »Religio-politischer Terrorismus als Parasit«. In: Kron/Reddig 2007, S. 125–165.

17 Siehe Kron 2015, S. 329 ff.

18 Georg Simmel: »Die Großstädte und das Geistesleben«. In: Ders.: *Aufsätze und Abhandlungen 1901–1908. Band I.* Gesamtausgabe. Band 7. Frankfurt am Main 1995, S. 116–131.

19 Bassam Tibi: *Kreuzzug und Djihad.* München 1999, S. 35.

20 Ebd., S. 30.

21 Ebd., S. 51.

22 Georg Simmel: *Soziologie.* Frankfurt am Main 1992, S. 311.

23 Ebd., S. 312 f.

24 Ebd., S. 314.

25 Elmar Theveßen: *Schläfer mitten unter uns.* München 2002, S. 45.

26 Simmel 1992, S. 316.

## Die Autoren

**Mita Banerjee**, geb. 1971, ist Professorin für Amerikanistik an der Johannes Gutenberg-Universität Mainz. Zuletzt erschien *Color Me White: Naturalism/Naturalization in American Literature.*

**Florian Beaudenon**, geb. 1990, ist Werbe-, Porträt- und Modefotograf in Paris.

**Pascal Berger**, geb. 1985, ist wissenschaftlicher Mitarbeiter am Lehrstuhl für Soziologie an der RWTH Aachen University.

**Gregor Dotzauer**, geb. 1962, ist Literaturredakteur des Berliner *Tagesspiegel.*

**Naika Foroutan**, geb. 1971, ist Professorin für Integrationsforschung und Gesellschaftspolitik an der Humboldt-Universität zu Berlin und stellvertretende Leiterin des Berliner Instituts für Integrations- und Migrationsforschung. Zuletzt erschien *Deutschland postmigrantisch II. Einstellungen von Jugendlichen und jungen Erwachsenen zu Gesellschaft, Religion und Identität.*

**Alfred Hackensberger**, geb. 1959, ist Journalist und Autor. Er lebt in Tanger und arbeitet unter anderem als Korrespondent für die *Welt*. Zuletzt erschien *Letzte Tage in Beirut.*

**Julia Kristeva**, geb. 1941, ist emeritierte Professorin für Linguistik der Universität Paris VII, Psychoanalytikerin und Schriftstellerin. Zuletzt erschien auf Deutsch *Die Zukunft einer Revolte.*

**Thomas Kron**, geb. 1970, ist Professor für Soziologie an der RWTH Aachen University. Zuletzt erschien *Reflexiver Terrorismus.*

**Armin Nassehi**, geb. 1960, ist Professor für Soziologie an der Ludwig-Maximilians-Universität München. Zuletzt erschien *Die letzte Stunde der Wahrheit. Warum rechts und links keine Alternativen mehr sind und Gesellschaft ganz anders beschrieben werden muss.*

**Alan Posener**, geb. 1949, ist Korrespondent für Politik und Gesellschaft der *Welt*-Gruppe. Zuletzt erschien die Biografie *John F. Kennedy.*

**Wolfgang Schmidbauer**, geb. 1941, studierte Psychologie und promovierte 1968 über Mythos und Psychologie. Er lebt und arbeitet in München als Lehranalytiker und Paartherapeut. Zuletzt erschien *Enzyklopädie der dummen Dinge.*

**Bilal Tanweer**, geb. 1983, ist Schriftsteller und Übersetzer. Er lebt in Lahore (Pakistan). *Die Welt hört nicht auf* ist sein erster Roman.